LA SCOUINE

COLLECTION
LITTÉRATURE
QUÉBÉCOISE

Sous la direction de Serge Provencher

LA SCOUINE
Albert **Laberge**

Texte intégral

Présentation
Jacques Beaudry
Cégep de Saint-Jérôme

ERP Éducation ‣ Innovation ‣ Passion

5757, rue Cypihot, Saint-Laurent (Québec) H4S 1R3 ‣ **erpi.com**
TÉLÉPHONE: 514 334-2690 TÉLÉCOPIEUR: 514 334-4720 ‣ erpidlm@erpi.com

Développement de produits
Pierre Desautels

Supervision éditoriale
Jacqueline Leroux

Révision linguistique
Louise Garneau

Correction d'épreuves
Odile Dallaserra

Direction artistique
Hélène Cousineau

**Coordination de la production
et conception graphique**
Martin Tremblay

Conception de la couverture
Frédérique Bouvier

Photographie de la couverture
Light Artist/First Light

Édition électronique
Laliberté d'esprit

Pour la protection des forêts, ce livre est imprimé sur du papier contenant 100 % de fibres recyclées postconsommation, fabriqué au Québec, certifié Éco-Logo, traité avec un procédé sans chlore et fabriqué à partir d'énergie biogaz.

Dépôt légal :
Bibliothèque et Archives nationales du Québec, 2012
Bibliothèque et Archives Canada, 2012
Imprimé au Canada

1234567890 MI 16 15 14 13 12
20640 ABCD ENV114

ISBN 978-2-7613-4634-4

table des matières

Original, Albert Laberge ?

Albert Laberge était un homme tout à fait hors du commun. Il n'a jamais pris place à table sans porter une cravate, même chez lui. Conformiste, donc ? Certainement pas le jour où il a interdit à son enfant, Pierre, de l'appeler papa. Toute sa vie, il s'est fait appeler « Albert » par son fils. Et sa singularité ne s'arrête pas là. Albert Laberge a été chroniqueur sportif au quotidien *La Presse* pendant 36 ans, alors qu'il détestait le sport. Son opinion sur les boxeurs et les lutteurs : « Ce sont des brutes, des pachydermes à crâne d'oiseau. Ils suent, ils geignent, ils puent, ils sont dégoûtants[1]. » Il a publié 9 recueils de récits à compte d'auteur, à raison de 75 exemplaires chacun. Il les donnait à ses amis. Un jour, un quidam est allé chez lui pour acheter quelques-uns de ses livres. Laberge l'a mis à la porte, en disant qu'il n'était pas un épicier. Voilà le genre d'homme qui a écrit *La Scouine*.

Bien qu'il date d'une autre époque (1918), le roman de Laberge a un caractère très actuel. La cupidité et la fourberie dont font preuve certains personnages de ce roman rustique atteignent parfois les limites du vraisemblable, mais là-dessus le présent n'a rien à envier au passé. Qu'il suffise de penser à ces PDG de banques américaines qui, après avoir mendié des milliards auprès de leur gouvernement afin de redresser leur incurie administrative, n'ont pas manqué de remplir de primes colossales leurs besaces honteuses.

---

1. Gérard BESSETTE. *Anthologie d'Albert Laberge*, Montréal, Le Cercle du Livre de France, 1962, p. III.

Bien des personnages de Laberge, même s'ils évoluent dans un contexte champêtre, sont du même acabit.

Le roman présente un grand nombre de situations encore observables de nos jours. Les méchancetés que se font les enfants dans la cour de l'école fréquentée par la Scouine existent toujours et elles portent le nom d'intimidation. Elles ont même envahi les médias sociaux et engendrent des dépressions, voire des suicides, chez les jeunes.

Et si l'Église catholique n'a plus l'influence qu'elle avait naguère, d'autres confessions, croyances et gourous ont pris la relève, la crédulité et les superstitions étant plus vigoureuses que jamais dans nos sociétés dites modernes. Albert Einstein disait: « Il n'existe que deux choses infinies, l'Univers et la bêtise humaine... mais pour l'Univers, je n'ai pas de certitude absolue[1]. » La bêtise infinie, on n'en doute plus après avoir lu La Scouine. Ce récit en présente un parfait concentré. Et, là encore, il rejoint notre époque. La vie actuelle abonde en situations montrant que la bêtise n'est pas près de disparaître. S'incarnant entre autres dans la fainéantise, l'ignorance, la médiocrité, l'absence de tact ou le manque d'empathie, la bêtise peut tout aussi bien trouver refuge dans des officines bureaucratiques où germent des réglementations idiotes que chez le voisin obnubilé par l'aspect de son gazon ou chez un sombre guignol énonçant une opinion raciste que vous n'aviez pas vue venir et qui vous désarçonne. La bêtise peut même se donner en spectacle: elle foisonne et prospère dans la plupart des téléréalités qui polluent nos petits écrans.

Plusieurs personnages de La Scouine sont la proie du guignon, de la malchance. C'est là une autre réalité actuelle,

---

1. Voir: www.evene.fr/citations/mot.php?mot=univers.

car ce que l'on appelle triste sort, mauvaise fortune ou destin néfaste fera toujours partie de l'existence des êtres humains.

Enfin, on trouve dans *La Scouine* une fresque des travers de l'âme humaine, et c'est par là que cette œuvre rejoint notre époque.

Albert Laberge, l'écrivain

Albert Laberge a vu le jour à Beauharnois, le 18 février 1871. Il était l'aîné de neuf enfants. Il a fait son primaire à Beauharnois et son secondaire dans la même localité, à l'école Saint-Clément, chez les Clercs de Saint-Viateur. Dans une évaluation, le directeur de l'école souligne le talent du jeune Albert pour la composition française. Laberge entreprend ensuite son cours classique au Collège Sainte-Marie, à Montréal, dirigé par les jésuites. Il s'y ennuie mortellement. Ses seuls moments de bonheur surviennent lorsque, les jours de congé, il rend visite à son oncle Jules Laberge, qui est médecin et possède une impressionnante bibliothèque. Il y découvre une foule d'écrivains qui le passionnent. Son goût de la lecture l'amène à dévorer Maupassant, qui sera pour lui une véritable révélation. À 21 ans, il travaille à titre de commis dans un cabinet d'avocats. Il se lie d'amitié avec des écrivains et il est renvoyé du Collège Sainte-Marie pour avoir lu des auteurs à l'index. Il entretient envers les jésuites une forte antipathie qui se transformera plus tard en anticléricalisme rigoureux. Il poursuit ses études dans une école privée, continue de fréquenter des écrivains, qui l'encouragent à écrire, et il adhère à l'École littéraire de Montréal. Il y fait la connaissance entre autres d'Émile Nelligan, de Charles Gill et de Louvigny de Montigny, qui deviendra un ami intime.

À 25 ans, il obtient un poste de journaliste sportif au journal *La Presse*, emploi qu'il occupera pendant 36 ans. Son travail lui permet de fréquenter les milieux intellectuels et artistiques de la métropole. À partir de 1903, il publie dans des revues et des journaux des tableaux de mœurs paysannes qui deviendront plus tard des chapitres de *La Scouine*. Malmené par les bien-pensants après la parution de ce roman, il décide de ne plus jamais publier quoi que ce soit pour le grand public. Il consacrera plus tard la trentaine d'années de sa retraite à écrire et à éditer des recueils de contes, à ses frais et en quantité limitée. Il meurt en 1960, à l'âge de 89 ans.

L'empoisonneur empoisonné

Tout comme Claude-Henri Grignon – qui affirmait avoir construit le personnage de Séraphin Poudrier, l'avare, à partir de trois personnes réelles –, Albert Laberge a puisé dans son histoire personnelle pour créer les personnages et les situations de son roman. Son fils, Pierre, le confirme : « Les descriptions, la peinture de mœurs dans *La Scouine* sont strictement conformes à la réalité. Rien n'est inventé. C'est de cette façon que l'on vivait dans ce temps-là. Mon père n'a fait qu'évoquer ses souvenirs[1]. » Ayant grandi dans la ferme familiale, Albert Laberge a donc connu les coutumes rurales. Ni la vie à la campagne ni les traditions qui y sont rattachées ne lui ont plu. Il les a même exécrées. On peut comprendre alors qu'il ait écorché les valeurs terriennes prônées à l'époque par les autorités en place, en particulier par les autorités ecclésiastiques : « L'on a empoisonné mon enfance avec la crainte de l'enfer et des châtiments éternels. [...] j'ai renoncé sans regret aux célestes récompenses, aux chimériques paradis[2]. » Avec une telle façon de penser,

---

1. Gérard BESSETTE. *Op.cit.*, p. III.
2. *Ibid.*, p. 265.

on ne se surprendra pas de voir la religion malmenée dans son roman. Qu'il soit question de la mécanique labiale des enfants qui récitent leurs prières, de la visite boueuse de l'évêque natif du village ou de l'inquiétante absence d'un Dieu bienveillant dans le sort malheureux de gens qui ont cru en Lui toute leur vie, les valeurs religieuses et la foi reçoivent plusieurs coups dans les flancs. Les grosses familles campagnardes ne bénéficient pas non plus d'un traitement de faveur. On ne s'en n'étonnera pas si l'on se souvient de ce que Laberge en pensait : « Dans notre province de Québec, plus les gens sont pauvres, ignorants, vaseux, plus ils font d'enfants. Les organes sexuels et l'instinct animal leur tiennent lieu de jugement et de raison[1]. » Cette vision négative de la famille imprègne tout le récit, que ce soit chez le fermier qui exploite et maltraite ses deux frères déficients ou chez les fils Deschamps qui, emportés par des frustrations accumulées, détruisent avec une rage démentielle le verger de leurs parents. Ainsi, il n'est pas étonnant que, dans ses réflexions, Laberge parle de la famille en termes d'« élevage du bétail humain ». Enfin, en ce qui concerne les habitants de la campagne, l'auteur ne laisse planer aucun doute sur la nature de ses opinions lorsqu'il affirme : « La faiblesse mentale, le cerveau rudimentaire de certains campagnards dépasse tout ce qu'on pourrait imaginer[2]. » Ici, le romancier montre du doigt la bêtise à l'état pur (au Québec, on dirait aussi « l'épaisseur »), bêtise que l'on trouve partout dans le récit. Peu de personnages en sont exempts.

---

1. *Ibid.*, p. 265.
2. *Ibid.*, p. 266.

Démasquer le terroir et en payer le prix

Il faut se rendre compte, se rappeler qu'à l'époque où Albert Laberge a publié *La Scouine*, tout d'abord sous forme d'extraits dans des revues, à partir de 1903, et ensuite sous forme de roman, en 1918, l'Église catholique exerçait une autorité écrasante non seulement sur les esprits en général, mais aussi dans le domaine littéraire. À un point tel que le critique littéraire le plus réputé à cette époque, considéré comme la référence incontournable, était un homme d'Église, Mgr Camille Roy. Celui-ci a qualifié Albert Laberge de « père de la pornographie au Canada ». Il prononça ce jugement après que Laberge eut publié en 1909, dans la revue *La semaine*, un extrait de *La Scouine* intitulé « Les foins » (c'est le chapitre XX de la présente édition). D'ailleurs, dans son *Manuel d'histoire de la littérature canadienne de langue française,* paru en 1918 et mis à jour périodiquement par la suite, Mgr Roy ignore complètement Albert Laberge. Cela a eu pour effet d'indigner Claude-Henri Grignon, l'auteur d'*Un homme et son péché*: « Il n'est pas permis de méconnaître un prosateur de la taille de Laberge […]. Albert Laberge, fin lettré, écrivain courageux, se découvre le précurseur de notre roman actuel[1]. » Courageux, Laberge l'a été parce qu'en publiant *La Scouine*, en 1918, il a bravé les interdits de son époque. Il a écorché l'idéologie paysanne en s'attaquant aux valeurs défendues par les bonnes consciences. Il a démasqué le terroir, espace paradisiaque célébré par les hautes instances morales, le présentant avec ses tares et ses travers, et montrant que les êtres humains n'y étaient pas plus « humains » qu'à la ville ou

---

1. *Ibid.*, p. IX.

ailleurs. Ce faisant, Laberge s'est placé aux antipodes de ses prédécesseurs et de bon nombre de ses contemporains. Il est, par exemple, l'exacte contrepartie d'un Patrice Lacombe qui, dans sa *Terre paternelle*, présente les arpents ruraux comme un pays de cocagne. Il se situe aussi à l'opposé de la plupart des poètes et des essayistes de la seconde moitié du XIXᵉ siècle, les Pamphile Le May, Nérée Beauchemin, Albert Ferland, Raymond Casgrain, Jules-Paul Tardivel, etc., qui se sont faits les chantres et les promoteurs de la vie agreste et des valeurs traditionnelles. Laberge n'était pas tout à fait le seul à adopter cette position anticonformiste. Il y a eu aussi Arsène Bessette, avec son roman *Le débutant*, et Rodolphe Girard, qui a publié son célèbre *Marie-Calumet* à peu près à l'époque de la parution de *La Scouine* en feuilleton. D'ailleurs, il faut mentionner que l'archevêque de Montréal, Mᵍʳ Paul Bruchési, outré par le roman de Girard à qui il reprochait de railler la religion, avait réussi, grâce à ses relations, à faire perdre à cet auteur son emploi de journaliste à *La Presse*. Le prélat avait usé de la même tactique dans le cas de Laberge, qui était lui aussi journaliste à *La Presse,* mais sans succès. Le plus cocasse de l'affaire, c'est que *La Scouine* allait beaucoup plus loin que *Marie-Calumet* dans la satire de la religion et de l'idéologie de conservation.

Un écrivain naturaliste

Ce qui rend Laberge intéressant et fait de lui un écrivain à part, ce n'est pas seulement son caractère iconoclaste ou son hostilité envers les usages établis, c'est aussi la place qu'il occupe dans l'histoire de la littérature québécoise. La plupart des écrivains canadiens-français ont été en situation de décalage par rapport aux écrivains français. Pour des raisons historiques justifiables et compréhensibles, notre littérature a longtemps accusé un certain retard. Albert Laberge est probablement le seul écrivain québécois de son époque qui appartienne à un courant littéraire d'ici coïncidant avec un courant français. Dans son cas, il s'agit du naturalisme. Sa vision du monde détonnait dans l'espèce de néoromantisme où baignaient encore la plupart de nos écrivains à la fin du XIXᵉ siècle et au début du XXᵉ. Le romantisme se nourrit d'idéalisme, et Laberge n'était pas idéaliste. Il décrivait la réalité telle qu'il la percevait et ne se privait pas d'en exposer les aspects les plus noirs. Dans ses lectures, il a puisé chez Maupassant et Zola, et leur influence se fait constamment sentir chez lui. Il s'est nourri du réalisme à la Maupassant et du naturalisme à la Zola, pourrait-on dire, ce qui nous conduit à définir succinctement ces courants. Pour faire court et éviter d'entrer dans des définitions savantes, disons que le naturalisme serait une forme de réalisme inflexible, un réalisme pur et dur, qui enferme ses héros dans des schèmes rigides et impossibles à changer. Chez les naturalistes, l'environnement social et familial des personnages, leur éducation et même leur bagage génétique forment des trames, des grilles à travers lesquelles leur identité et leur évolution s'entrelacent étroitement. Si, chez les classiques, les personnages ne pouvaient échapper à leur destin, chez les naturalistes, ils ne peuvent échapper à leur condition, pour ne pas dire à leur conditionnement. Leur devenir est en quelque sorte déterminé. Voilà pourquoi l'on dit que le déterminisme est une composante importante du naturalisme. Les personnages de *La Scouine*, ignares, fourbes et fangeux, resteront dans leur cloaque, tout comme les mineurs de *Germinal* continueront de dépérir dans la poussière de charbon, parce que les conditions dans lesquelles ils vivent ne leur permettront pas d'en sortir. Ce n'est pas une affaire de destinée, c'est un phénomène purement contextuel. Et, ne le dissimulons pas, les naturalistes ont un penchant pour les aspects sombres de la vie. Comme ce sont des artistes, c'est avec beaucoup de sensibilité qu'ils les mettent en évidence et les dépeignent. Les écrivains naturalistes ne sont ni des missionnaires ni des propagandistes, mais on sent qu'ils sont engagés dans leur art. Ne leur faisons pas ici un procès d'intention. Cependant, il est vrai qu'après avoir parcouru leurs ouvrages le lecteur sent l'indignation monter en lui. Il a été sensibilisé à quelque chose. Laberge expose et décrit la misère dans ses textes, mais il a aussi des idées personnelles sur cette réalité : « La misère est laide, hideuse, haïssable, odieuse, vile. Au lieu de lui ériger un culte, on devrait s'efforcer de la bannir, de la faire disparaître. Au lieu de glorifier, d'exalter la misère, au lieu de dire la sainte misère, on devrait dire la maudite misère[1]. » On a reproché à Laberge de trop assombrir la réalité. Ce blâme ne tient pas si l'on considère *La Scouine* comme une satire de la vie rurale. Cette satire se manifeste ici principalement sous la forme de l'hyperbole, à condition bien sûr que l'on voie dans le cumul des situations viles et sordides présentées dans le roman un procédé hyperbolique. Et rien n'empêche d'adopter cette façon de voir.

Un style au service du vrai

Albert Laberge a un style franc, parfois cru : « Paulima pissait au lit. » Voilà, tout est dit. Le lecteur est fixé. Est-ce

---

1. *Ibid.*, p. 266.

choquant? Laberge ne s'embarrasse pas de ce genre de scrupule. Il est direct. Lorsqu'il décrit la Scouine parvenue à l'adolescence, il ne tourne pas autour du pot : « À seize ans, la Scouine était une grande fille, ou plutôt un grand garçon. Elle avait en effet la carrure, la taille, la figure, l'expression, les gestes, les manières et la voix d'un homme. » Notons ici l'emploi de l'énumération, un procédé cher à Zola et aux naturalistes, qui trahit un souci d'exactitude et de précision. Lorsque Laberge aborde des sujets tabous, comme la sexualité, on constate qu'il ne se préoccupe pas de la réaction des âmes bien-pensantes : « Du haut de son voyage, l'Irlandaise l'aperçut, jouissant solitairement. Elle lui cria des obscénités, mais Bagon demeura sourd, tout secoué par son spasme. » Laberge n'a pas le moindre scrupule et il fait preuve d'une étonnante modernité en abordant d'une manière aussi ouverte un sujet que les auteurs de son époque prenaient avec des pincettes ou évitaient carrément. Ce style franc et sans détour nous donne le sentiment qu'on est toujours dans le vrai, que l'auteur n'essaie jamais de maquiller ou d'atténuer la réalité.

On ne saurait passer sous silence le sens de l'humour d'Albert Laberge. Son aptitude à la caricature l'amène à brosser des portraits charges qui font rire ou sourire. L'hyperbole et la dépersonnification le servent bien lorsqu'il décrit Bagon, le coupeur : « L'homme de peine, très petit, était d'une laideur grandiose. Une tête énorme de mégacéphale surmontait un tronc très court, paraissait devoir l'écraser de son poids. Ce chef presque complètement dépourvu de cheveux, ressemblait à une aride butte de sable sur laquelle ne poussent que quelques brins d'herbe. » Laberge mêle comiquement le trivial au sublime lorsqu'il compare le visage frais rasé du curé à un morceau de viande saignante, ou lorsque l'institutrice demande à la sœur jumelle de la Scouine quelle est sa réaction à sa première communion : « Moi, je m'sus mirée dans l'ciboire et j'avais la figure large comme une citrouille. » Le romancier va jusqu'à utiliser l'onomatopée pour produire un effet amusant : « Mon vieux, j'cré ben que j'vas être malade. — À soir? — J'cré qu'oui. — Ça serait teut ben mieux d'aller cri le docteur. — J'cré qu'oui. » L'effet onomatopéique du « J'cré qu'oui » rappelle la stridulation du criquet. Sa redite ici semble évoquer la mécanique répétitive du cri de l'insecte. Laberge l'associe d'ailleurs à la voix d'une vieille paysanne dans un autre récit, *La fin du voyage* : « Elle avait en récitant le Pater et l'Ave Maria une petite note grêle de criquet[1]. » Laberge se sert aussi généreusement du comique de situation, qu'il maîtrise fort bien. Le passage où la Scouine arrache les pages de sa grammaire, tentant de faire croire à l'institutrice qu'elles sont manquantes afin de ne pas avoir à les étudier, est très drôle. Quant à la visite de l'évêque, natif de la région, qui se termine dans la fange, c'est une pièce d'anthologie.

Dans son discours direct, Laberge utilise le patois paysan de son époque, ce qui donne de l'authenticité à son récit. Cela n'empêche toutefois pas l'auteur, dans ses passages narratifs, d'y aller de descriptions très relevées qui touchent parfois à la poésie : « Les feux que les fermiers allumaient régulièrement chaque printemps avant les semailles, et chaque automne après les travaux, avaient laissé çà et là de grandes taches grises semblables à des plaies, et la terre paraissait comme rongée par un cancer, la lèpre, ou quelque maladie honteuse et implacable. » Albert Laberge est donc un habile dialoguiste doublé d'un styliste remarquable.

---

1. Albert LABERGE. *La fin du voyage*, Montréal, Édition privée, 1942, p. 16.

La Scouine

1

De son grand couteau pointu à manche de bois noir, Urgèle Deschamps, assis au haut bout de la table, traça rapidement une croix sur la miche que sa femme Mâço venait de sortir de la huche. Ayant ainsi marqué du signe de la rédemption le pain du souper, l'homme se mit à le couper par morceaux qu'il empilait devant lui. Son pouce laissait sur chaque tranche une large tache noire. C'était là un aliment massif, lourd comme du sable, au goût sur et amer. Lorsqu'il eut fini sa besogne, Deschamps ramassa soigneusement dans le creux de sa main les miettes à côté de son assiette et les avala d'un coup de langue. Pour se désaltérer, il prit une terrine de lait posée là tout près, et se mit à boire à longs traits, en faisant entendre, de la gorge, un sonore glouglou. Après avoir remis le vaisseau à sa place, il s'essuya les lèvres du revers de sa main sale et calleuse. Une chandelle, posée dans une soucoupe de faïence ébréchée, mettait un rayonnement à sa figure barbue et fruste de travailleur des champs[1]. L'autre bout de la table était à peine éclairé, et le reste de la chambre disparaissait dans une ombre vague.

Un grand silence régnait, ce silence triste et froid qui suit les journées de dur labeur. Et Mâço allait et venait, avec son ventre énorme, et son goitre semblable à un battant de cloche qui lui retombait ballant sur la poitrine.

Elle parla :

— Mon vieux, j'cré ben que j'vas être malade[2].

---

1. *Travailleur des champs* : le nom de famille « Deschamps » est repris ici en écho.
2. *Être malade* : expression vétuste et euphémique signifiant « accoucher ».

— À soir?

— J'cré qu'oui.

— Ça serait teut ben mieux d'aller cri[1] le docteur.

— J'cré qu'oui.

— J'irai après manger.

Dans la pièce où l'ombre écrasait le faible jet de lumière, le silence se fit plus profond, plus lourd.

Soudain, un grondement souterrain ressemblant à un sourd roulement de tonnerre se fit entendre. C'était un manœuvre, le petit Baptiste, qui venait de basculer dans la cave profonde un tombereau de pommes de terre. L'instant d'après, il entrait dans la cuisine où Deschamps attendait d'un air morne.

L'homme de peine, très petit, était d'une laideur grandiose. Une tête énorme de mégacéphale surmontait un tronc très court, paraissait devoir l'écraser de son poids. Ce chef presque complètement dépourvu de cheveux, ressemblait à une aride butte de sable sur laquelle ne poussent que quelques brins d'herbe. La picote avait outrageusement labouré ses traits et son teint était celui d'un homme souffrant de la jaunisse. Ajoutons qu'il était borgne. Sa bouche édentée ne laissait voir, lorsqu'il l'ouvrait, que quelques chicots gâtés et noirs comme des souches. Il se nommait Baptiste Bagon dit le Coupeur[2]. En entrant, il jeta dans un coin son vieux chapeau de paille, puis ayant relevé les manches de sa chemise de coton, se mit à se laver les mains dans un bassin en bois. Pendant qu'il procédait à cette sommaire toilette, la porte s'ouvrit brusquement, et trois bambins entrant à la course, allèrent s'asseoir côte

---

1. *Cri*: déformation de « quérir »; aujourd'hui, on dirait « chercher ».
2. *Coupeur*: châtreur; qui castre les animaux.

à côte sur un sofa jaune disposé le long du mur. Bagon s'essuya les mains au rouleau en toile accroché à la cloison, et vint se mettre à table. Gourmandement, il examina d'un coup d'œil ce qu'il y avait à manger et sa figure exprima une profonde déception. Il avait espéré mieux et était cruellement déçu. Les enfants s'approchèrent à leur tour et le repas commença. Deschamps tenait son bol de soupe à la hauteur de sa bouche pour aller plus vite. Comme lui, les autres lapaient rapidement, et les cuillers frappèrent bientôt bruyamment le fond des assiettes vides. Bagon piqua de sa fourchette un morceau de lard et deux grosses pommes de terre à la coque, à la mode de Mâço, c'est-à-dire non pelées, et cuites dans le canard[1]. À la première bouchée, il fit une vilaine grimace et ses joues eurent des ballonnements grotesques, de brusques et successifs mouvements de droite et de gauche.

— Batêche[2], jura-t-il enfin, c'est chaud !

Il s'était brûlé la bouche.

Des larmes lui étaient venues à l'œil et roulaient sur sa face ravagée.

Les petits, amusés, riaient en se poussant du coude.

Au dehors, les voitures revenant de porter des charges de grain au village passaient au grand trot avec un bruit de ferrailles et de sabots sur la route dure comme la pierre. Elles s'entendaient de très loin dans la nuit noire et froide et tenaient tard en éveil les chiens qui jappaient au passage. La Saint-Michel, date des paiements, approchait, et les fermiers se hâtaient de vendre leurs produits. Granges et hangars se vidaient et l'on ne gardait que juste la semence pour le printemps suivant.

---

1. *Canard*: bouilloire.
2. *Batêche*: euphémisme pour « baptême ».

Le repas continuait monotone et triste.

Et chacun mastiquait gravement le pain sur et amer, lourd comme du sable, que Deschamps avait marqué d'une croix.

— Allez donc m'cri ane[1] tasse d'eau, dit Bagon en regardant du côté des jeunes.

Pas un ne bougea.

Alors Bagon se leva lui-même, mais il en fut pour son trouble. Le gobelet résonna sur le fond du seau. Celui-ci était vide. Bagon revint s'asseoir. Il avait soif et était tout rouge, mais plutôt que d'aller au puits, il préférait souffrir. Comme dessert, il alluma sa courte pipe de terre, et une fumée bleue et âcre s'éleva lentement au plafond traversé de solives équarries. Repus, les enfants regardaient les figures fantastiques que leur imagination leur faisait entrevoir dans le crépit du mur. Ils voyaient là des bêtes monstrueuses, des îles, des rivières, des nuages, des montagnes, des guerriers, des manoirs, des bois, mille autres choses...

De temps à autre, Bagon lançait devant lui un jet de salive. Les pieds de Mâço, en ses continuels va-et-vient, pesaient plus lourdement, traînaient comme ceux des vieux mendiants à la fin de la journée.

Le silence régnait depuis longtemps.

— Habillez-vous, fit tout à coup Deschamps, en s'adressant à sa progéniture. Vous allez aller coucher su les Lecomte.

Ce fut une stupeur chez les trois bambins qui regardèrent avec ennui du côté de la porte. Charlot, le plus jeune, ne parvenait pas à trouver son chapeau.

---

1. *Ane*: prononciation déformée de « une ».

Sur l'ordre de Deschamps, Bagon alla atteler un cheval à la charrette. Le père et les enfants sortirent alors et se suivant l'un l'autre, se rendirent chez le voisin.

Lorsqu'ils revinrent chez eux le lendemain avant-midi, les jeunes virent une *mare de sang*[1] à l'endroit où d'ordinaire, on jetait les eaux sales. La mère Lecomte était en train de préparer le dîner. Elle leur apprit qu'ils avaient deux petites sœurs nouvelles. Enveloppées dans un couvre-pied multicolore, fait de centaines de petits carrés d'indienne, la plupart d'une couleur et d'un dessin différents, les deux jumelles grimaçaient en geignant auprès de leur mère malade.

Après la grand-messe le dimanche suivant, Deschamps, en attendant la soupe, inscrivit sur la garde de son paroissien, à la suite d'autres notes, la date de naissance de ses deux filles. La page se lisait comme suit[2] :

Joseph Zéphirin Raclor est éné le 12 janvier 1846 et a été batisé le 15 janvier.

Joseph Claude Télesphone est éné le 10 marre 1847 et a été batisé le 13 marre.

Joseph Henri Charles est éné le 20 mai 1848 et a été batisé le 23 mai.

Marie Caroline est éné le 29 septembre 1853 et a été batisé le 2 octobre.

Marie Rose Paulima est éné le 29 septembre 1853 et a été batisé le 2 octobre.

---

1. *Mare de sang* : évoque les liquides corporels issus de l'accouchement de Mâço ; à l'époque, les femmes accouchaient à la maison.
2. Les fautes dans la liste qui suit ont été mises volontairement par l'auteur afin de souligner la déficience du français écrit, chez les paysans.

//

Des années ont passé. Le fermier Deschamps acharné à la tâche, et voulant acquérir de beaux deniers pour ses enfants, n'épargnait ni peine ni misères. Patient et opiniâtre, il était satisfait de travailler toute sa vie, pourvu qu'un jour, il put réaliser son ambition. Âpre au gain et peu scrupuleux, il avait parfois des difficultés avec ses voisins et alors, il cognait. À différents intervalles, il avait acheté à côté de la sienne, des terres pour Raclor et Tifa. Dernièrement enfin, il était devenu le propriétaire d'un troisième terrain qu'il convoitait depuis longtemps et qui serait le patrimoine de Charlot. C'était un lot de cent arpents, sis au bout des autres propriétés de Deschamps, et se prolongeant jusqu'au canal qui traverse la région.

Mâço continuait à faire du pain sur et amer, lourd comme du sable.

Caroline et Paulima étaient maintenant d'âge à aller à l'école et Mâço leur fit à chacune une robe d'indienne rose dont elles furent très fières. Les deux sœurs les étrennèrent un dimanche de mai et le lundi matin, elles partirent pour la classe. Elles emportaient, enveloppé dans un mouchoir rouge, leur dîner consistant en une couple de tartines arrosées de mélasse. Un peu intimidées tout d'abord, les bessonnes[1] eurent vite fait de se dégêner[2]. Elles occupèrent sur le banc des filles, les deux dernières places, toutes labourées d'inscriptions au canif et tachées d'encre.

---

1. *Bessonnes*: jumelles.
2. *Dégêner*: canadianisme; ce verbe n'existe pas en français normatif.

À midi, l'angélus[1] récité, ce fut une brusque explosion de cris, de rires ; une échappée vers la porte des enfants allant dîner chez eux. Comprimée, étouffée pendant trois heures, cette jeunesse reprenait enfin ses droits. À la contrainte et au silence auxquels elle était forcée depuis le matin, succédait une exubérance de vie et de gaieté. Chacun mordait avec appétit à la tranche de pain de son dîner.

Clarinda et François Potvin eux-mêmes semblaient trouver délicieuse leur éternelle compote de citrouille. Tout de suite, Caroline et Eugénie Lecomte étaient devenues camarades. Très blanche de cette blancheur de clair de lune particulière à certaines religieuses ayant passé quelques années enfermées dans un cloître, blancheur rehaussée, exagérée par d'abondants cheveux châtain foncé, Eugénie avait une figure d'infinie douceur qu'illuminait à des minutes précieuses, un fin et discret sourire. Son air était modeste, timide, et ses yeux possédaient un charme, une attirance irrésistibles.

Le groupe de jeunes filles alla voir les garçons jouer à la clef[2].

Après la prière, le soir, la maîtresse fit passer les élèves dans sa chambre afin de réciter l'office du mois de Marie[3].

Décorée avec un goût pieux, l'étroite et modeste pièce avait une apparence de chapelle. Des images du Sacré-Cœur de Jésus, du Sacré-Cœur de Marie, de Saint Joseph, de Saint Louis de Gonzague et de Saint Jean-Baptiste étaient épinglées aux murs. Sur la haute commode brune, recouverte de toile blanche, des branches fleuries de

---

1. *Angélus* : prière à la Vierge Marie, récitée le matin, le midi et le soir.
2. *Jouer à la clef* : jeu qui consiste à projeter avec le pied un objet (en pierre, en métal ou en bois) dans des cases préalablement tracées sur le sol.
3. *Mois de Marie* : mois de mai, période où l'on célébrait sa dévotion à la Vierge Marie.

pruniers, placées dans des vases en porcelaine, de chaque
côté d'une statuette de la Vierge, répandaient un délicat
parfum. On aurait cru qu'un vol de séraphins venant des
jardins célestes avait passé par là. Des cierges allumés, à
la flamme blanche et douce, créaient une atmosphère religieuse, impressionnaient ces jeunes âmes. Eugénie entra
sur le bout du pied comme dans une chambre mortuaire.

Les élèves agenouillés au hasard, mangeaient les
réponses des litanies. De sa petite voix grêle, l'institutrice
lançait les invocations, et les enfants répondaient :

— Ra p'nobis, ra p'nobis, ra p'nobis[1].

C'était une fuite, un galop furieux :

— Ra p'nobis, ra p'nobis, ra p'nobis.

Au Souvenez-vous[2], on respira un peu.

Paulima se grattait obstinément un pied.

À quelques jours de là, les deux bessonnes furent
témoins d'un spectacle moins édifiant. Corinne, la petite
Galarneau, la plus dissipée de la classe, avait été encore
plus agitée que d'habitude, et la maîtresse, à bout de
patience, après lui avoir fait baiser la terre, l'avoir fait
mettre à genoux, puis debout sur le banc, lui avait administré cinq coups de martinet[3] sur chaque main.

---

1. *Ora pro nobis*: expression latine signifiant « priez pour nous », mal prononcée
   ici par les enfants.
2. *Au Souvenez-vous*: début d'une prière à la Vierge : « Souvenez-vous, ô très
   miséricordieuse Vierge Marie, qu'on n'a jamais entendu dire qu'aucun de ceux
   qui ont eu recours à votre protection, imploré votre assistance ou réclamé vos
   suffrages, ait été abandonné. Animé d'une pareille confiance, ô Vierge des
   vierges, ô ma mère, je viens à vous et, gémissant sous le poids de mes péchés,
   je me prosterne à vos pieds. Ô mère du Verbe incarné, ne méprisez pas mes
   prières, mais écoutez-les favorablement et daignez les exaucer. Ainsi
   soit-il. »
3. *Martinet*: petit fouet à plusieurs lanières.

Corinne avait pleuré pendant une heure, puis le midi étant allée dîner à la maison, à un demi-arpent de l'école, s'était plainte à sa mère. Celle-ci, d'un caractère violent, était devenue furieuse et avait apostrophé l'institutrice surveillant les élèves dans la cour. Elle lui avait lancé une bordée d'injures et de menaces. Pour terminer, elle avait troussé sa jupe par derrière et, d'un large geste de mépris, avait montré à la jeune fille un panorama qui avait scandalisé les enfants. Pâle de rage, la maîtresse était demeurée muette sous l'insulte infamante.

Un samedi, Mâço avait rapporté du village des bottines pour ses deux filles. Le dimanche après-midi, les bessonnes étaient parties pour aller aux fraises avec leurs chaussures neuves. Celles de Caroline, un peu étroites, lui blessaient les pieds. Elle en avait ôté une et l'avait mise sur le bord du fossé. Au moment de retourner à la maison, elle avait été incapable de retrouver la bottine. Caroline s'était mise à pleurer en songeant aux reproches qu'elle aurait de son père. Perdre des bottines qui avaient coûté neuf francs[1]! Affolée, elle avait cherché, cherché partout, dans cette verdure receleuse, sans rien trouver. Courbée en deux et courant presque, elle cherchait en pleurant, les yeux fouillant dans les longues herbes souples, lui frôlant les jambes.

— Que dira poupa? se demandait-elle avec terreur.

Finalement, elle retrouvait la bottine au fond du fossé.

---

1. *Francs*: au XIXe siècle, certains Canadiens français, se méprenant, persistaient à dire « franc » au lieu de « dollar »; le terme traînait encore ici et là, souvenir lointain et tenace du régime français.

Les Deschamps avaient un grand verger et les bessonnes apportaient chaque jour à l'école deux belles grosses pommes rouges qui gonflaient de leurs formes rondes le sac en toile cirée accroché au mur. À l'heure du midi, elles les sortaient avec ostentation et les croquaient bruyamment de leurs grandes dents malpropres. Des regards d'envie restaient braqués un long temps sur Paulima et Caroline. Les deux fameuses[1] au ton vermeil, à l'apparence si savoureuses, fascinaient tous ces petits êtres naturellement gourmands. Clarinda et François Potvin s'arrêtaient de manger leurs éternelles tartines à la compote de citrouille et, les yeux luisants, contemplaient les bessonnes, ces chanceuses qui, chaque jour de l'année pouvaient se régaler de la sorte.

— Jette pas l'trégnon. Danne-moé lé, quémandait parfois une compagne, succombant à la tentation.

Assez fréquemment, Paulima cédait la moitié de son fruit à une voisine pour corriger son thème[2], et alors, quelle fête pour celle-ci !

Eugénie Lecomte ne goûtait à une pomme que deux fois par année alors que ses parents allaient rendre visite à sa grand-mère maternelle, qui demeurait à dix lieues de là. Celle-ci n'avait que deux pommiers dans son jardin, mais elle n'oubliait jamais au départ de ses enfants de leur remettre quelques sauvageonnes[3] pour sa filleule.

---

1. *Fameuse* : variété de pomme, de grosseur moyenne, à chair tendre et sucrée.
2. *Thème* : devoir qui consiste à traduire en latin un texte en français ; à l'école de village de la Scouine, ce devait être quelques phrases simples.
3. *Sauvageonnes* : pommes sauvages.

Le lendemain des Rois, après les vacances du jour de l'An, Eugénie vint à son tour à l'école avec une pomme. Bien souvent pendant la semaine, elle avait été tentée d'y mordre un peu, mais elle en avait été empêchée par une innocente vanité. Comme Paulima et Caroline, elle voulait se montrer devant les élèves avec une pomme. De bien grands combats s'étaient livrés en elle au sujet de cette friandise, mais après de longues hésitations, l'orgueil l'avait emporté sur la gourmandise.

Vingt fois pendant la classe, Eugénie pensa à la pomme à filets roses donnée par sa mémère.

Comme il y avait des visiteurs à la maison et qu'elles devaient prendre le repas en famille, les bessonnes n'avaient pas apporté leur dîner ce jour-là. Le dernier amen de la prière prononcé et le signe de croix à peine esquissé, Eugénie ouvrit son sac. Elle tenait sa pomme et elle éprouvait à la regarder une sensation exquise, inexprimable.

Pendant ce temps, les bessonnes mettaient leurs manteaux et nouaient les cordons de leurs capines[1] de laine rouge. Paulima vit Eugénie avec sa pomme.

— Danne-moé z'en ane bouchée, demanda-t-elle.

Eugénie ne savait refuser. Avec un serrement de cœur, elle tendit le fruit. L'autre le prit et, insoucieuse, indifférente, sans plaisir peut-être, comme elle faisait chaque midi, elle croqua bruyamment puis, sans se retourner, sans rendre la pomme, elle marcha vers la porte, sortit, s'en alla...

---

1. *Capine*: capuchon, vêtement de tête qui se rabat ou se rejette en arrière.

IV

Paulima pissait au lit. Chaque nuit, il lui arrivait un accident. Au matin, sa chemise et ses draps étaient tout mouillés. Après le départ des bessonnes pour la classe, Mâço, l'été, faisait sécher la paillasse au soleil, sur le four; l'hiver, sur deux chaises auprès du poêle. À l'école, à cause de l'odeur qu'elle répandait, ses camarades avaient donné à Paulima le surnom de Scouine[1], mot sans signification aucune, interjection vague qui nous ramène aux origines premières du langage.

Le sobriquet lui resta.

---

1. *Scouine*: à n'en pas douter, il s'agit d'une «francisation» grossière du terme anglais *skunk*, qui signifie mouffette. Est-ce une création de Laberge? Selon Paul Wyczynski, historien de la littérature québécoise, l'auteur s'est inspiré d'un fait vécu pour créer son personnage.

V

Chaque soir invariablement, en sortant de l'école, les garçons arrêtaient à la boutique de forge. C'est là qu'ils avaient leur meilleure récréation de la journée. Quelques-uns regardaient le père Dupras ferrer un cheval, ou, le bras passé sur le manche de son soufflet, activer le feu tout en fumant la pipe et en racontant les nouvelles du rang aux fermiers du voisinage. D'autres grimpaient sur le toit d'une petite remise attenante à l'édifice et se poursuivaient. D'autres encore jouaient à la clef ou couraient parmi les tombereaux neufs sentant la peinture fraîche, les herses aux dents aiguës et les charrues à réparer. Ces jeux finissaient toujours par un concours à qui pisserait le plus haut, et le côté ouest de la bâtisse subissait ainsi chaque jour un arrosage qui dessinait sur les planches une série d'ombres chinoises.

La Scouine dont le penchant à la délation s'accusait déjà, porta ces faits à la connaissance de l'institutrice. Comme résultat, les écoliers subirent une sévère remontrance et furent tous gardés en retenue une demi-heure durant après la classe. Les garçons se promirent bien de se venger de cette porte-paquets[1]. Quelques jours s'écoulèrent cependant sans que la Scouine fut le moins du monde inquiétée. L'incident paraissait clos.

Un matin, François Potvin annonça qu'il avait capturé la veille, un écureuil et l'avait mis en cage. Cette nouvelle intéressa fort ce petit monde. Plusieurs des gamins manifestèrent le désir de voir l'animal.

---

1. *Porte-paquets*: délatrice; on disait aussi « bavasseuse » ou « panier percé ».

— Sa boîte est sous la remise, vous n'avez qu'à arrêter en passant, déclara François qui était subitement devenu un personnage important.

À la sortie de l'école, une dizaine d'enfants le suivirent. Toujours curieuse, la Scouine se trouvait du nombre.

Aussitôt qu'ils eurent pénétré dans le bâtiment, François ferma brusquement la porte. Alors, aux hurlements enthousiastes du groupe, tous les garçons se tournant vers la Scouine l'arrosèrent copieusement comme s'ils eussent été à leurs concours à la boutique de forge du père Dupras.

La Scouine suffoquait de honte et de colère. Toute trempée, ruisselante, comme si elle eût essuyé une averse, elle s'échappa en larmes, et s'éloigna poursuivie par les quolibets et les rires des garçons enfin vengés.

VI

Les bessonnes avaient maintenant douze ans et marchaient au catéchisme[1]. Paulima faillit être renvoyée car elle était dissipée et fort ignorante en fait d'instruction religieuse.

Le vicaire[2] chargé du cours l'interrogea un jour.

— Quelles sont les conditions pour recevoir la communion ?

Embarrassée, Paulima garda le silence.

— Pourrais-tu communier maintenant ?

— Non.

— Pourquoi ?

— Parce que j'sus en péché mortel[3], répondit Paulima à l'ébahissement des autres préparants et à la stupéfaction du prêtre.

En raison de son âge cependant, le curé ne crut pas devoir la remettre à une autre année et les deux sœurs annoncèrent un soir à leur mère qu'elles étaient acceptées.

Le lendemain, Mâço alla au village apportant vingt douzaines d'œufs et un panier de beurre afin d'acheter les

---

1. *Marcher au catéchisme* : les écoliers se rendaient à pied une fois par semaine à l'église, où ils recevaient des leçons de catéchisme, instruction exposant la doctrine catholique sous forme de questions et de réponses dispensée par le curé ou le vicaire ; ces séances devaient préparer les élèves à la première communion.
2. *Vicaire* : prêtre, assistant du curé ; la hiérarchie ecclésiastique est succinctement la suivante : vicaire, curé, évêque, archevêque, cardinal, pape.
3. *En péché mortel* : état d'une personne qui a commis des fautes graves et ne les a pas encore confessées ; l'expression antonyme est « état de grâce ».

robes blanches, les voiles, les gants, les bas et les souliers pour ses filles. Ce fut une grosse journée d'emplettes.

À quelques jours de là, Mâço résolut de teindre sa laine, et un après-midi, à leur retour du catéchisme, elle chargea Paulima et Caroline d'écorcer les tiges d'aulne que son mari avait été chercher au bout de son champ. Lorsqu'elles eurent terminé leur besogne, les deux fillettes avaient les doigts couleur café. Elles eurent beau les laver énergiquement, rien n'y fit, et c'est avec ces mains noires que deux jours plus tard, elles prirent, en s'agenouillant, la nappe blanche de la sainte table.

Pour conduire ses filles à l'église ce matin-là, Deschamps avait attelé deux chevaux à sa voiture. Il avait aussi cru convenable de se coiffer pour la circonstance de son tuyau[1] de noces. Après la cérémonie, il amena Paulima et Caroline auprès de la vieille femme qui, installée à côté du perron de l'église avec un grand panier de sucreries, faisait accourir tout le petit monde. Il y avait foule autour de la marchande. Au moment où Deschamps tenant les bessonnes par la main arriva au centre du groupe, il se produisit un incident qui causa tout un émoi. Un garçon de dix ans avait demandé cinq bâtons de tire. Lorsqu'il les avait eus, il était parti à la course, sans payer, se coulant à travers les paroissiens avec une agilité étonnante. La vieille était devenue toute rouge de colère.

— Si c'est pas honteux... un enfant qui vient de faire sa première communion, me voler comme ça! s'exclama-t-elle.

Et elle rageait de son impuissance à ne pouvoir gifler le gamin.

---

1. *Tuyau*: chapeau haut-de-forme.

Le père invitait ses filles à choisir dans la manne ce qui leur plaisait davantage. Caroline prit un bonhomme rouge et blanc, et Paulima, une palette de gomme et quatre pipes en sucre d'orge.

La classe de l'après-midi venait de commencer lorsque les bessonnes firent leur entrée à l'école en toilette de premières communiantes. Leur apparition fit sensation.

Tout de suite, l'institutrice alla vers elles et les embrassa.

— Comme ça, vous avez fait votre première communion ? demanda-t-elle.

— Hé oui... répondirent les bessonnes.

— Vous n'avez pas eu de difficulté à avaler l'hostie ?

— Pas trop. Mais i en a un morceau qui m'a collé au palais où il a fondu, dit Paulima.

— Moi, je m'sus mirée dans l'ciboire et j'avais la figure large comme une citrouille, fit Caroline en riant.

— Et vos bottines craquent-elles[1] ? interrogea encore la maîtresse.

— Oh oui, répondirent ensemble Paulima et Caroline.

— C'est les nôtres qui craquaient le plus, ajouta orgueilleusement la première.

Et les bessonnes firent quelques pas, tournèrent comme pour un rigodon afin de démontrer les qualités musicales de leurs souliers. On aurait cru entendre jouer de l'accordéon. Au point de vue de la sonorité, ces chaussures étaient phénoménales.

— I a fallu aller su Robillard pour en trouver, raconta Paulima. Maman nous en a fait essayer plus d'une

---

1. Des bottines qui craquent révèlent qu'elles sont neuves ; les bottines usées ne font pas de bruit, car leur cuir s'est assoupli.

douzaine de paires su Normandeau, mais i craquaient pas assez.

— Paulima a tout sali ses gants, observa Caroline pour se venger de ce que sa sœur n'avait pas voulu lui prêter sa gomme.

De fait, les gants de coton étaient marqués de larges taches noires.

— Ça peut se laver, déclara l'institutrice. Je vais vous donner à chacune une image[1] et vous allez avoir congé après-midi.

---

1. Il s'agit d'images saintes.

VII

Les bessonnes furent confirmées le printemps qui suivit leur première communion. Cent deux jeunesses reçurent le sacrement en cette circonstance. Il leur fut administré par le nouvel évêque du diocèse, Mgr Chagnon, un enfant de la paroisse, qui, à trente-huit ans, à peine, venait de recevoir la mitre et la crosse. Toute la population tenait à lui faire honneur et le curé et les marguilliers organisèrent une grande démonstration[1]. Un cortège de voitures aussi nombreux que possible devait aller chercher le nouveau prélat la veille, dans le rang de la Blouse, chez ses vieux parents, où il faisait une courte visite, et l'escorter jusqu'à l'église. Là, en face du temple, se dressait une arche de sapins, comme celles de la procession de la Fête-Dieu[2]. Au haut de la voûte de verdure était suspendue une mitre dorée, avec, sur une longue banderole, l'inscription : « Il l'a bien méritée. »

Deux adresses[3], préparées, l'une par le vicaire et l'autre par les religieuses du couvent, devaient être présentées à Monseigneur à son arrivée, au nom des garçons et des filles qu'il allait le lendemain oindre du saint chrême[4] et qui, depuis un mois, suivaient les exercices préparatoires.

Un grand souper avait été arrangé pour le soir au presbytère. Le curé avait invité le maire, les marguilliers,

---

1. *Démonstration*: anglicisme pour « manifestation ».
2. Le film *Les Plouffe*, de Gilles Carle, présente une reconstitution impressionnante de la procession de la Fête-Dieu, à Québec.
3. *Adresses*: allocutions, éloges.
4. *Saint chrême*: huile sainte constituée d'huile d'olive et de parfum.

M. Thomas Dubuc, maître-chantre[1] ; M. et Mme Chagnon, père et mère de l'évêque, et quelques notables.

Le maire, M. Aimable Tisseur, marchand de bois et de charbon, avait cru de son devoir de prêter sa voiture pour aller chercher Monseigneur, et il avait chargé l'un de ses hommes de la conduire. Il lui avait fait revêtir l'une de ses redingotes, un peu ample il est vrai, mais encore bien, l'avait coiffé du haut-de-forme qu'il avait porté lorsqu'il avait été élu premier magistrat de la municipalité, et lui avait fait cadeau d'une paire de gants noirs achetés lors de l'enterrement de son beau-père. Pour être à la hauteur, le cocher d'occasion s'était acheté le meilleur cigare à cinq sous qu'il avait pu trouver chez la mère Lalonde, la marchande de tabac et de bonbons.

La température toutefois, gâta un si beau programme. Il commença à pleuvoir le matin, et jusqu'au soir, ce ne fut qu'une série d'averses accompagnées de grand vent. Comme résultat, le cortège ne se composait guère de plus de vingt voitures.

À l'entrée du village, une pauvre maison noire et basse, l'air bossue, était décorée d'images de Saint Joseph et de Sainte Anne. Sur le perron, abrité par un immense parapluie à gros manche jaune se tenait assis un bonhomme d'une soixantaine d'années. C'était le père Gagner, un malheureux qui, depuis de longues années, souffrait de rhumatisme inflammatoire et qui avait essayé en vain tous les remèdes possibles. Il s'était imaginé que l'évêque pourrait faire un miracle et le guérir. Lorsqu'il vit venir la procession d'équipages, il se leva péniblement et s'avança au bord de la route. Comme la voiture de Sa Grandeur allait passer, il se laissa tomber à genoux dans la boue, implorant :

---

1. *Maître-chantre* : maître de chapelle, responsable du chant à l'église.

— Monseigneur, guérissez-moi. Pour l'amour du Bon Dieu, Monseigneur, guérissez-moi.

Ce fut à peine si l'évêque put apercevoir le suppliant, car le cocher tout trempé par la pluie et pressé d'arriver, ne modéra pas l'allure de ses chevaux qui filaient au grand trot. Le père Gagner fut copieusement éclaboussé par le carrosse qui passait. Il se releva en jurant et, désabusé, plus sombre et plus désespéré que jamais, rentra dans sa demeure.

Comme le cortège arrivait sur la place de l'église, l'averse augmenta d'intensité et le vent redoubla de violence. À ce moment, une bourrasque plus forte que les autres, emporta la mitre dorée comme un vulgaire bonnet et l'enleva dans les airs. Et, lorsque le nouveau prélat passa sous l'arche de sapins construite par ses ouailles, il aperçut un bout de corde qui s'agitait follement en haut, avec au-dessus, l'inscription : « Il l'a bien méritée. »

VIII

Mlle Léveillé, la nouvelle institutrice était blonde et mince et plutôt jolie dans sa robe de mérinos bleu. Une boucle de velours noir attachée à ses cheveux lui donnait un air coquet. Sa voix était douce et sympathique comme sa figure.

Tout de suite, elle plut aux enfants.

Vingt-deux élèves s'inscrivirent le lundi, jour de la rentrée des classes. L'avant-midi, Mlle Léveillé se borna à les faire lire et à leur donner une dictée.

Lors de la récréation du midi, chacun s'accorda à dire que la maîtresse n'avait pas un air sévère.

— Elle se nomme Alice, déclara Marie Leduc.

— I paraît qu'elle donne de longs devoirs, remarqua la Scouine pour dire quelque chose.

L'après-midi, Mlle Léveillé fit faire des exercices d'écriture et un peu d'arithmétique au tableau. Elle indiqua ensuite les leçons pour le lendemain.

— Elles sont courtes, mais apprenez-les bien, dit-elle. Je vais voir quels sont les travaillants.

La Scouine apprit avec terreur qu'elle devrait étudier la grammaire et l'histoire du Canada. De plus, elle aurait à lire dans le Devoir du Chrétien[1] et dans le psautier[2]. Non bien sûr, qu'elle n'apprendrait pas tout ça. Jamais de la vie.

Le soir, la Scouine s'en retourna songeuse à la maison.

---

1. *Devoir du Chrétien*: référence à l'ouvrage *Les devoirs d'un chrétien envers Dieu*, écrit et publié par les Frères des Écoles chrétiennes.
2. *Psautier*: recueil de prières et de chants religieux; appelé aussi « livre des psaumes ».

Le lendemain, les plus âgés des élèves récitèrent leurs leçons. Le tour de la Scouine arriva. L'institutrice posa la première question.

La Scouine n'ouvrit pas la bouche.

Mlle Léveillé répéta son interrogation.

De nouveau, la Scouine resta muette.

Croyant à un défaut de mémoire ou peut-être à une grande timidité et ne voulant pas se montrer trop stricte au début, Mlle Léveillé lui donna les premiers mots pour l'aider, mais la Scouine n'articula pas une parole.

— Mais vous n'avez donc pas étudié? interrogea la maîtresse devant cet obstiné mutisme.

— C'est pas dans mon livre.

— Pas dans votre livre! Montrez.

La Scouine lui tendit sa grammaire, une vieille grammaire ayant appartenu à ses frères. La première feuille manquait en effet.

Mlle Léveillé regarda longuement l'enfant, mais il n'y avait rien à lire sur cette figure.

— Eh bien, pour demain alors, vous apprendrez les deux réponses sur cette page-ci, déclara Mlle Léveillé.

À l'appel de son nom, le mercredi, la Scouine s'avança devant le pupitre de l'institutrice.

— Comment forme-t-on le pluriel dans les noms? interrogea la petite demoiselle blonde.

La Scouine, sans ouvrir la bouche, tournait le coin de son tablier bleu à carreaux, entre le pouce et l'index de sa main droite, en regardant le plancher.

— Comment forme-t-on le pluriel dans les noms? questionna de nouveau la maîtresse d'un ton plus bref.

— C'est pas dans mon livre.

— Comment, pas dans votre livre ?

D'elle-même, la Scouine le tendit à Mlle Léveillé. Celle-ci l'ouvrit fébrilement. Une nouvelle feuille manquait.

— Mais elle y était hier. Vous l'avez donc arrachée ?

La Scouine restait silencieuse. Voyant l'obstination de l'élève à ne pas répondre, l'institutrice à qui répugnaient les punitions, la renvoya à sa place, ajoutant :

— Mais je vous préviens que demain, vous devrez réciter sans manquer un seul mot les deux réponses en tête de la page quinze. Elles sont dans votre livre celles-là.

En s'entendant appeler le jeudi, la Scouine s'avança sans sourciller.

— Votre leçon était dans votre livre hier soir ? interrogea Mlle Léveillé.

— Non, fit laconiquement la Scouine.

Mlle Léveillé lui arracha la grammaire des mains. La page quinze manquait.

— Eh bien, vous l'apprendrez après la classe votre leçon. Vous l'apprendrez dans le livre que vous voudrez, mais vous l'apprendrez, cria la maîtresse enfin fâchée.

À cinq heures du soir, Mâço arriva à l'école et demanda à l'institutrice si elle était folle de garder ainsi sa fille quand elle en avait besoin pour l'envoyer chercher les vaches au champ. Mlle Léveillé tenta d'expliquer ce qui était arrivé, mais Mâço ne voulut rien entendre, répétant seulement qu'elle serait en retard pour traire ses vaches. Mâço amena sa fille. Comme la Scouine allait sortir, Mlle Léveillé lui indiqua une autre leçon pour le vendredi.

Le lendemain, ce fut bien autre chose. Lorsque vint le moment de réciter, trois élèves prétendirent avoir perdu leur catéchisme. Les choses se gâtaient. Mlle Léveillé crut qu'il fallait sévir. Elle envoya les trois coupables étudier à genoux. Une fois de plus, elle appela la Scouine devant elle et l'interrogea sur la grammaire.

— C'est pas dans mon livre.

— Tant pis alors. C'est fini de badiner. Tendez la main.

Et la petite demoiselle blonde saisit son martinet.

À cet ordre, la Scouine se mit à crier et à gémir comme si on l'eut martyrisée.

— Tendez la main, commanda la maîtresse.

La Scouine, une expression d'épouvante sur la figure, présenta le bout des doigts, le poignet collé contre la cuisse. Ses genoux tremblaient. Lorsqu'elle vit venir le coup, elle retira le bras et la lanière de cuir ne rencontra que le vide.

— Tendez la main, clama la maîtresse.

La Scouine se tordit, redoublant ses cris de détresse. C'était une plainte aiguë qui s'envolait par les fenêtres. Une voiture passant sur la route s'arrêta et, chez le voisin, la mère Leduc qui faisait cuire sa soupe, sortit sur son perron.

Au troisième coup, la Scouine s'élança hors de la maison, jetant des cris encore plus perçants. Elle s'enfuit en faisant entendre des lamentations terrifiantes. Elle hurlait comme si on eut cherché à l'assassiner.

La fille à Mâço courait de toutes ses forces, levant les talons jusqu'aux fesses et s'éloignant avec des cris de cochon que l'on saigne. Les femmes accouraient sur le pas de leur porte et les hommes travaillant aux champs tournaient la tête, s'arrêtaient saisis, se demandant s'il arrivait un accident quelque part.

La Scouine arriva chez elle essoufflée, hors d'haleine.

À sa mère alarmée, elle raconta que la maîtresse lui avait donné douze coups de martinet sur chaque main. Mâço partit immédiatement. Elle arriva comme une furie et, devant tous les élèves, fit une scène terrible à l'institutrice, l'accablant de mille injures. Elle lui déclara que si elle avait dorénavant le malheur de battre ses enfants, elle aurait affaire à elle.

Le soir, dans toutes les familles du rang, on ne parlait que du drame qui s'était passé à l'école. Chacun s'accordait à dire que pour avoir battu une enfant et l'avoir fait pleurer de la sorte, il fallait que la maîtresse fût un vrai bourreau.

Le samedi, l'un des commissaires alla voir Mlle Léveillé et lui dit que pareille chose ne pouvait être tolérée. Il comprenait qu'il était bon d'instruire les enfants, qu'on pouvait les réprimander, les punir même, mais non les tuer de coups. Il ajouta que tous les parents révoltés demandaient sa démission.

Le dimanche, avant la messe, l'institutrice alla voir le curé et lui raconta les faits, tels qu'ils étaient arrivés. Patiemment, le prêtre l'écouta jusqu'au bout. Il parut reconnaître que la justice était de son côté, mais lorsque Mlle Léveillé lui demanda d'intervenir auprès des commissaires, il déclara que malgré son vif désir de lui être utile, il ne pouvait se mêler de cette affaire, car ce serait un abus d'autorité. La commission scolaire devait être laissée libre d'agir à sa guise.

Mlle Léveillé, la petite demoiselle blonde et mince, si gentille dans sa robe bleue, dut s'en aller après une semaine d'enseignement.

Et voilà pourquoi la Scouine n'a jamais appris la règle du pluriel dans les noms.

IX

Le dimanche après la messe, les jeunes gens allaient au bureau de poste chercher les journaux, qui la « Minerve »[1], qui le « Nouveau Monde »[2]. Toujours pressés, ils semblaient chaque fois vouloir prendre la place d'assaut, heurtant l'huis[3] à coups de pieds, se bousculant pour avoir leur tour les premiers. Le cou et le menton encerclés dans un haut faux-col droit dont les pointes lui entraient dans les joues vineuses, le vieux fonctionnaire passait par la porte privée et, lorsqu'il ouvrait, la foule s'engouffrait dans la pièce. Trois ou quatre noms étaient lancés en même temps au bonhomme qui, après s'être coiffé d'une calotte en alpaga[4] mettait ses lunettes. Il se fâchait alors.

— Un seul à la fois, ou je ferme le guichet, criait-il d'un ton menaçant.

La Scouine se frayait un chemin dans cette cohue, rendant généreusement les coups de coude et d'épaule, et disputant son tour aux garçons.

Un dimanche, les premiers arrivants à la distribution reçurent avec leur gazette une enveloppe jaune. Ceux qui vinrent ensuite en retirèrent également. Presque tout le monde eut la sienne. La Scouine en emporta une.

C'était les Linche, les propriétaires du grand magasin général qui envoyaient leurs comptes annuels aux fermiers.

---

1. *Minerve*: journal de langue française célèbre et influent; il fut fondé en 1826 par Auguste-Norbert Morin et ferma ses portes en 1899.
2. *Nouveau Monde*: journal qui, selon Louis-H. Taché (dans l'*Opinion publique* du 16 décembre 1892), était à l'époque « le journal à nouvelles le plus lu de la province »; son nom exact était en fait *Le Monde nouveau*.
3. *Huis*: porte.
4. *Alpaga*: laine de l'alpaga, animal appartenant à la famille du lama.

Celui d'Urgèle Deschamps se montait à soixante-quinze piastres. L'état détaillé comportait entre autres articles quatre paires de bottines, un moule à chandelles, un fanal, cinq gallons de mélasse et un rabot, toutes choses que Deschamps était certain de ne pas avoir achetées et surtout, de ne pas avoir obtenues à crédit. Les autres cultivateurs qui avaient reçu des lettres avaient la même surprise. Ils trouvaient sur leur facture l'énumération de quantité de marchandises qu'ils n'avaient jamais eues. La demande de paiement se terminait par l'avis que si le compte n'était pas acquitté dans une semaine, des procédures seraient prises contre le débiteur.

Deschamps déchira la feuille en jurant et ne s'en occupa pas davantage.

Huit jours plus tard, il était à battre son orge, lorsque Mâço vit tout à coup arriver une voiture qui s'arrêta devant la porte.

— Le bailli! s'exclama-t-elle, en reconnaissant Étienne St-Onge qui descendait de sa barouche[1]. C'était en effet l'huissier qui parcourait la paroisse, distribuant toute une fournée de papiers judiciaires. Les Linche tenaient leur promesse.

Le pays allait avoir des procès.

La Scouine alla en courant chercher son père qui arriva la figure et les vêtements couverts de poussière. St-Onge lui remit les documents par lesquels les Linche lui réclamaient leur dette. Deschamps ne put contenir son indignation et les traita de voleurs et de canailles. Inquiet, l'huissier se hâta de déguerpir, craignant que Deschamps ne fît passer sa colère sur lui.

---

1. *Barouche*: voiture de luxe, d'origine anglaise, tirée par deux chevaux.

Le soir, le souper au pain sur et amer, marqué d'une croix, fut d'une morne tristesse.

Deschamps dut faire plusieurs voyages au village pour consulter un avocat. Lorsque la cause fut entendue, les Linche produisirent leurs livres, établissant le bien-fondé de leur réclamation. Deschamps fut condamné à payer le compte et les frais. Presque toute sa récolte d'orge y passa.

Jugement fut aussi rendu contre une centaine d'autres habitants dans des causes identiques.

Ils durent payer. Plusieurs furent obligés d'hypothéquer leur terre. D'autres ne purent faire leurs paiements annuels.

Des années plus tard, un commis des Linche payé huit piastres par mois, s'étant vu refuser une augmentation de salaire, déclara que la plupart des comptes apparaissant dans les livres du magasin étaient simplement des fraudes. Pendant six ans, ses patrons l'avaient tenu posté à une fenêtre de l'établissement. Comme il connaissait tous les gens de la paroisse, lorsqu'un fermier passait, vite il le signalait, et un secrétaire enregistrait son nom et l'inscrivait comme ayant acheté ce jour-là toute une série d'articles.

L'employé fut congédié, mais comme il avait proféré ses accusations devant plusieurs témoins, il fut arrêté et traduit devant la justice.

Le commis indiscret fit trois mois de prison pour avoir, dit le juge, diffamé ses patrons. Quand à la rue, elle porte depuis, le nom de Rue des Espions, et personne n'y passe.

X

À seize ans, la Scouine était une grande fille, ou plutôt un grand garçon. Elle avait en effet la carrure, la taille, la figure, l'expression, les gestes, les manières et la voix d'un homme. À cette période de sa vie se rattachait une aventure dont elle ne parlait jamais.

Son père et sa mère étant allés au village avec Charlot, l'avaient laissée comme gardienne à la maison. Au bout de quelques heures, elle s'ennuya d'être seule, et alla faire un tour chez son frère Raclor. Ce dernier était également sorti avec sa femme, et la Scouine ne trouva là que Facette, le garçon de ferme, en train de se barbifier, et un jeune homme du canal venu pour acheter une charge de foin. L'on badina pendant quelque temps et l'employé de Raclor finit de se raser. Farceur, l'étranger demanda à la Scouine si elle s'était déjà fait la barbe. Celle-ci répondit par un haussement de ses larges épaules, sur quoi, son interlocuteur ajouta que ce serait le bon temps, vu que les outils étaient prêts. Facette déclara à son tour qu'il était tout disposé à lui prêter son rasoir et le reste du fourniment. La Scouine remercia en riant. Alors, le jeune homme du canal, un type crânement déluré, lui proposa de la raser lui-même. Son copain applaudit à cette idée.

— On va te faire la barbe, dirent-ils.

La Scouine crut plus prudent de s'en aller, mais il était trop tard. Brusquement, le particulier du canal la saisit par les bras qu'il lui ramena derrière le dos. Il la tint ainsi immobile.

— Lâchez-moé !... lâchez-moé !... criait la Scouine, en essayant de se dégager.

Facette s'avança avec le blaireau tout savonné et l'approcha de la figure de la jeune fille.

— Lâchez-moé!... lâchez-moé!... hurla de nouveau la Scouine, en faisant un furieux effort pour s'échapper.

Elle était cependant solidement maintenue et le barbier improvisé commença à lui couvrir les joues et le menton d'une mousse blanche et tiède. Il lui en glissa dans le cou et les oreilles, et la Scouine, chatouillée, se mit à rire en poussant de petits cris.

— Tu vois bien que ça fait pas mal, dit celui qui avait eu cette inspiration.

Les deux garçons riaient aux éclats et de fait, le visage de la Scouine offrait un aspect fort réjouissant. Facette laissa là la savonnette et courut chercher un petit miroir accroché à la fenêtre.

— Comment te trouves-tu? demanda-t-il en le tenant devant la Scouine.

— Lâchez-moé, fit-elle encore, et d'un brusque mouvement, elle s'échappa des mains des deux farceurs.

— Faut nous payer à c'te heure, déclara le gars venu pour acheter le foin.

Mais la Scouine qui s'était torché la figure avec un vieux rouleau[1] sale, s'enfuit en toute hâte.

Toujours elle demeura muette sur cet incident, mais lorsqu'on parlait devant elle des gens du canal, elle soutenait que ce n'était qu'un tas de malappris et de polissons.

---

1. *Rouleau*: essuie-mains suspendu à un rouleau de bois.

XI

Les bessonnes avaient vingt ans. Deschamps ayant deux filles à marier planta devant sa porte deux poteaux auxquels les cavaliers[1] pussent attacher leurs chevaux. Un dimanche, Raclor, déjà en ménage depuis trois ans, vint présenter à ses sœurs un jeune fermier de la paroisse voisine. Caroline parut lui plaire, et il sollicita la permission de revenir. Elle lui fut accordée avec plaisir. Une semaine plus tard, Caroline le voyait arriver dans un beau boghei[2] traîné par un fringant cheval noir. L'attelage, très propre, avait des boucles dorées qui reluisaient au soleil. En débarquant, l'homme jeta sur sa bête une jolie couverte[3] blanche et violette.

Ce devait être un bon parti.

Et il apportait à sa blonde une bague en argent sur laquelle étaient gravés deux cœurs entrecroisés.

Le jeune homme continua ses visites. Au bout d'un mois, il tutoyait Caroline. Le vieux, cependant, n'aimait pas ses manières, avait peine à le tolérer.

Un soir, au milieu de la veillée, alors que Deschamps était couché, le galant souffla la lampe. Le père s'en aperçut, se leva et vint la rallumer. Il avait à peine regagné sa chambre, que, de nouveau, la lumière s'éteignit. Deschamps se releva, mais comme il allait passer sa culotte, il entendit le gars demander son chapeau. Les adieux furent très longs. Finalement, des pas résonnèrent sur les degrés de l'escalier et une grosse voix railleuse qu'on étouffait à demi ricana:

---

1. *Cavaliers*: amoureux, prétendants.
2. *Boghei*: cabriolet.
3. *Couverte*: canadianisme pour « couverture ».

— Ton beu t'a-t-il assez corné ?

Deschamps, indigné, chassa l'effronté.

Six semaines plus tard, Caroline avait un nouveau prétendant, un cultivateur de la Blouse, Tit Toine St-Onge. Sans être brillant, c'était un bon garçon. La fréquentation ne fut pas longue et le mariage fut vite décidé.

— Certainement que je vous donne ma fille, répondit Urgèle Deschamps, lorsque son futur gendre lui fit la demande. Je vous donne ma fille et je vous vends un poêle, ajouta-t-il en riant.

Et il lui expliqua que lorsque l'un de ses enfants se mariait, c'était lui qui lui vendait cet article de ménage.

— Je verrai à ce qu'il ne vous coûte pas trop cher, fit-il en badinant.

La vérité était que, Urgèle Deschamps, qui fréquentait les encans, profitait des occasions qui s'offraient et revendait ensuite le poêle traditionnel le double de ce qu'il l'avait payé.

À quelques jours de là, Caroline eut une première désillusion. Le deuxième dimanche de la publication des bans, son promis vint, en effet, la voir coiffé d'un antique haut-de-forme, ressemblant assez à celui de son père, mais mieux conservé cependant.

— Mais il n'est pas à la mode, s'écria-t-elle. Où donc avez-vous pêché ça ?

Décontenancé, le pauvre diable avoua en hésitant avoir acheté le chapeau du docteur Trudeau. Il était allé là se faire extraire une dent, et le médecin apprenant que son client allait se marier, lui avait offert son tuyau, encore en bon état et qui n'avait été porté que trois ou quatre fois. Cela, cependant, remontait à l'établissement du docteur dans la paroisse, douze ans passés. Caroline adressa de vifs reproches à son fiancé. Se sentant coupable, ce dernier ne répondit rien.

Vingt-trois voitures formèrent le cortège de noces le matin du mariage. Chacun avait décoré son attelage de rameaux d'érable accrochés à la bride et au harnais.

Le marié portait un habit de drap et la mariée une toilette de mérinos gris et des bottines de prunelle[1]. Charlot, le garçon d'honneur, avait un complet en tricot.

Au retour, en prenant le chemin de la Blouse, le vent emporta la coiffure de St-Onge et son boghei passa dessus, l'écrasant complètement. Charlot qui venait en arrière, sauta à terre et ramassa le chapeau. Celui-ci était dans un état pitoyable. Comme il n'y avait rien à faire, Charlot le mit sous le siège de sa voiture et prêta son propre couvre-chef à son beau-frère. Pour lui, il continua nu-tête.

Quelques jours après, la Scouine déclarait à la mère Lecomte, sa voisine, que St-Onge aimait bien sa femme. Il l'avait embrassée huit fois en revenant de l'église.

---

1. *Prunelle*: tissu de laine et de soie utilisé dans la confection de souliers pour femmes.

XII

L'on traversait une mauvaise année. Le charbon[1] avait effroyablement décimé les troupeaux et le blé était venu de si mauvaise qualité que, dans trente paroisses, les habitants mangeaient un pain lourd, fade, impossible à cuire, et qui filait comme une toile d'araignée lorsqu'on le rompait. Pour comble de malchance, la récolte avait été très mauvaise, et les fermiers allaient soucieux, jongleurs, la tête basse, voyant avec effroi arriver la date des paiements.

Pendant longtemps, le pays avait été empesté d'une odeur de charogne. Du sein des campagnes verdoyantes et des champs en fleurs, la puanteur s'élevait écœurante, insupportable. Elle assaillait les passants sur les routes et semblait vouloir empoisonner les légers nuages blancs qui glissaient là-haut. C'était à croire que la région était devenue un immense charnier, un amoncellement de pourriture et de corruption.

Et depuis quelque temps, une vieille voiture traînée par un vieux cheval allait par les chemins, arrêtant à chaque ferme. Elle était conduite par le Taon, garçon de seize ans, qui faisait le commerce des ferrailles, des os et des guenilles. En échange d'une pièce de ferblanterie ou deux, il obtenait la permission de ramasser les carcasses qui gisaient de tous côtés. Il les entassait dans sa charrette qui laissait après elle comme un sillage infect, une traînée de mortelle pestilence.

---

1. *Charbon*: maladie infectieuse causée par le bacille du charbon.

Et, toujours, il était suivi d'un petit chien noir aux yeux d'or qui trottinait aux côtés du chariot, se reposant à son ombre pendant les haltes en rongeant un bout d'ossement.

Au cours de ses tournées, le Taon s'était arrêté un soir chez les Deschamps. Il y avait soupé et passé la nuit. Comme il avait épuisé son maigre assortiment de marchandises et que son gousset était plutôt léger, il avait proposé à Charlot de lui donner son chien en paiement de son repas, de son gîte et d'un antique poêle en fonte qui depuis des années rouillait sous la remise. Vite, le marché avait été conclu. Seulement, lorsque le Taon avait voulu repartir au matin, son butin dans sa chancelante guimbarde, sa rosse n'avait pu avancer et s'était abattue après quelques vains efforts. Furieux, le Taon avait frappé la bête avec acharnement, comme pour lui reprocher l'avoine qu'elle n'avait pas mangée, lui cinglant les oreilles de grands coups de fouet. L'animal n'avait pu se relever, et sentant son impuissance à se remettre debout, les jambes trop lourdes, engourdies, déjà mortes, il avait tourné la tête de côté et subissait les horions[1] comme il aurait essuyé une averse. Il ne bougeait plus. Seuls, ses sabots de derrière battaient spasmodiquement la boue. Et finalement, il avait expiré sous le bâton et les jurements. Mais le Taon ne s'était pas arrêté là. Dans sa rage, il s'était attaqué au cadavre de la pauvre haridelle[2], lui démolissant les côtes de ses lourdes bottes.

À quelque temps de là, la foudre tomba sur un pommier à côté de l'habitation des Deschamps et le fendit en deux. Une semaine plus tard, Charlot se cassa une jambe en tombant du toit du hangar qu'il était à réparer. La Scouine prétendit alors que c'était les blasphèmes du Taon

---

1. *Horions* : coups violents.
2. *Haridelle* : cheval aux flancs creusés par la maigreur.

qui avaient attiré les malédictions de Dieu sur la maison. Même le chien qui venait du mécréant devint suspect à ses yeux et elle résolut de s'en défaire. Son sort fut vite décidé.

Un après-midi, elle le prit et alla le jeter dans un puits en arrière de la grange. L'animal plongea, puis revint à la surface et il se mit à nager, à nager désespérément. Il faisait le tour de cette cage qui devait être son tombeau, se frôlant contre les pierres de la maçonnerie, cherchant à s'accrocher à la paroi, tournant sans relâche dans le même cercle, la tête seulement hors de l'eau, et faisant entendre des jappements plaintifs. Peu à peu, le chien nagea moins rapidement. Il s'épuisait, mais il lançait toujours son petit jappement, un jappement plein d'effroi qui disait la peur de la mort et qui semblait être un appel désespéré. Et, dans la profondeur sombre du puits, ses yeux semblaient deux étoiles, ou deux cierges à la lumière vacillante.

Pendant plus d'une heure, la voix du chien s'entendit terriblement angoissante, plus faible, plus lointaine, semblait-il, puis elle se tut.

Et les étoiles d'or s'éteignirent, glissèrent à l'abîme.

Le corps s'enfonça dans l'eau.

XIII

Les habitants ont grassement fricoté[1] à leur retour de la messe de Noël. Certes, ils ont l'appétit robuste autant que les bras, et après le voyage à l'église, au froid, et pendant que leurs bêtes broient leur avoine, à l'écurie, eux se mettent à table et font bombance. Puis, satisfaits, repus de nourriture, ils digèrent silencieusement autour du poêle et glissent béatement au sommeil.

Et au dehors, un Vieux Pauvre à longs cheveux blancs et à barbe de prophète, traîne sur la route de neige ses lourds pieds glacés. Il avance lentement et péniblement. Le vent irrespectueux et brutal le soufflette à la figure et s'accroche aux pans de ses vêtements, comme des mains malfaisantes, ennemies, qui voudraient le retenir, l'arrêter.

Il a si longtemps erré par les campagnes, il a passé tant de nuits à la belle étoile, ou dans les granges et les étables, il a jeûné si souvent, il a eu tant de misères, qu'il a oublié les noms de ceux qui furent ses fils et qu'il ne peut se rappeler la figure de celle qui fut la compagne de sa jeunesse. Peut-être qu'il est plus âgé que les antiques maisons en pierre qui bordent le chemin.

Le Vieux Pauvre semble un mage qui chercherait en vain l'Étoile Mystérieuse qui ne luira jamais pour lui...

Il va demandant l'aumône aux âmes charitables, pour l'amour de Dieu.

Le Quêteux frappe à la porte des Deschamps.

La Scouine va lui ouvrir. Elle lui avance une chaise.

---

1. *Fricoté*: mangé abondamment, festoyé.

— Asseyez-vous, dit-elle.

Le mendiant s'assied. Il dépose son casque[1] à terre, à côté de son siège. Ses doigts gourds et malhabiles déboutonnent son manteau. Il voudrait absorber un peu de cette bonne chaleur. Humblement, il répète la formule qu'il dévide du matin au soir, la prière qu'il adresse depuis si longtemps à tous ceux qu'il voit :

— La charité s'il vous plaît ?

— D'où venez-vous ? demande la Scouine.

— De Saint-Stanislas, répond laconiquement le Quêteux.

On lui a posé tant de fois la même question, qu'il se contente d'y répondre sans ajouter d'explications. Il est avare de ses paroles comme les riches de leurs biens.

— De Saint-Stanislas, répète la fille comme un écho. Quel âge avez-vous ? ajoute-t-elle.

— Soixante-dix-neuf ans.

— Y a-t-il longtemps que vous quêtez ?

— Dix-huit ans.

— Vous n'avez pas d'enfants ?

— J'ai une fille en service. Les garçons sont morts.

L'interrogatoire est fini.

Le silence se fait.

— Quelle heure est-il ? demande le Quêteux qui n'a pas déjeuné le matin et que la faim aiguillonne.

La Scouine regarde la pendule au mur, au-dessus d'une croix de tempérance[2], et une inspiration lui traverse

---

1. *Casque* : canadianisme pour « bonnet » (de fourrure, de laine ou d'autres étoffes).
2. *Croix de tempérance* : crucifix noir destiné à protéger les habitants de la maison contre l'alcoolisme.

l'esprit. L'idée qui a jailli si subitement en son cerveau la trouble à ce point qu'elle oublie de répondre. Elle est dans l'état d'un joueur qui va tenter un coup.

— Mais, le père, vous n'avez pas de panier ni de sac pour mettre ce qu'on vous donne.

— Ah! ma pauvre dame, je suis trop vieux pour en porter; je ne prends que de l'argent.

— Je vas vous dire, je vous donnerais ben une couple de cents, mais je n'ai qu'un trente-sous.

Le Quêteux reste perplexe.

— Si vous pouviez me le changer[1], se hasarde à dire la Scouine, un éclair dans les yeux, on pourrait s'arranger.

Sans attendre de réponse, la fille monte rapidement sur une chaise, ouvre la porte de la pendule et prend dans le fond de la caisse, une pièce blanche qui dormait là depuis trois ans.

— Je l'avais mise de côté pour faire dire une messe, explique la Scouine.

Alors le Vieux Pauvre enfonce lentement dans son gousset une main enflée, bleuie et tremblotante. Il en retire un porte-monnaie en cuir usé et luisant, au fermoir en cuivre poli par le frottement. Très lentement toujours, il l'ouvre et en retire trois pièces d'un sou et deux de dix sous qu'il palpe longuement. La lenteur du Quêteux énerve la fille debout devant lui. Son calme apparent ne cache-t-il pas un piège? Enfin, il tend la monnaie. Vite, la Scouine la saisit et donne son trente-sous en échange.

Le Quêteux reste assis sur sa chaise, sa canne entre les jambes, le bout dans l'anneau en fer de la porte de cave. Il

---

1. *Changer*: anglicisme pour « rendre la monnaie ».

a son aumône dans sa poche. Il a prononcé les rares paroles qu'il avait à dire. Il ne s'en va pas. Il reste. Il n'est pas pressé. Il se repose.

La Scouine voudrait bien le voir partir. Elle est très mal à l'aise, inquiète. N'a-t-il aucun soupçon ? Finalement, le Quêteux ramasse son casque.

— Merci, ma bonne dame.

La Scouine respire, soulagée d'un grand poids.

La porte se referme.

Et le Vieux Pauvre, les entrailles criant famine, s'en va dans le froid, sa barbe de prophète et ses cheveux blancs flottant à la bise. Il s'éloigne sur la route de neige, usant ses pieds lourds et glacés dans une marche sans trêve. Il va demandant l'aumône à chaque porte pour l'amour de Dieu...

Et dans la maison chaude, près du poêle, la Scouine gavée de victuailles, un sourire de satisfaction sur la figure, s'exclame triomphalement :

— Je l'ai toujours ben passé mon trente-sous en plomb !

XIV

La veille du jour de l'An, les fils et le gendre des Deschamps se trouvaient réunis chez lui afin de passer tout le lendemain ensemble. C'était là une habitude à laquelle aucun d'eux n'aurait osé déroger. L'on échangeait des souhaits de bonne année et l'on fricotait comme au bon vieux temps. Lorsqu'on repartait, chacun trouvait dans le fond de sa voiture un paquet de vêtements, bas, mitaines, tuques, chemises, confectionnés par Mâço, de quoi tenir les petits chaudement pendant l'hiver.

Entre ses enfants, Mâço avait un faible pour sa fille Caroline. C'était elle qui recevait toujours la plus grosse part de ses cadeaux. La vieille mère employait à tricoter ses nombreuses heures de loisir et, comme résultat, Caroline avait plus d'articles de lainage qu'elle n'en pourrait user durant sa vie. Cette préférence provoquait un peu de jalousie chez ses frères.

Le jour de l'An au matin, Tifa se leva de bonne heure et alla faire un tour du côté de la grange. Comme il revenait, l'idée lui vint de jeter un coup d'œil dans les voitures, sous la remise. Dans la sienne qu'il inspecta d'abord, et dans celles de Raclor et de son beau-frère, il trouva des paquets de vêtements que sa mère avait déposés là la veille au soir. Des trois, celui destiné à Caroline était encore le plus gros. Tifa eut la curiosité de l'ouvrir. Entre autres effets il contenait une demi-douzaine de paires de chaussettes en fine laine blanche. Et l'idée d'une farce lui vint. Rapidement, il enleva les nippes sales qu'il avait aux pieds et les remplaça par des chaussons neufs blancs et doux comme de la soie. Ayant ensuite soigneusement reficelé le colis, il rentra réjoui à la maison. Le poêle était déjà allumé et Urgèle Deschamps assis, tisonnait le feu en attendant le réveil de ses fils. Tifa se jeta à genoux, demandant la bénédiction paternelle. Ses frères ne tardèrent pas à paraître et en firent autant. Un cruchon de rhum et des verres étaient sur la table. Mâço remplit les coupes et l'on but aux chances de chacun pendant la nouvelle année.

Le vieux, son gendre et ses fils étaient assis en cercle autour du poêle. Les «créatures»[1] se levaient à leur tour. On entendait pleurer un enfant.

L'on se mit à parler des femmes; et chacun de vanter la sienne.

— Allons, voulez-vous que je vous dise qui a la meilleure? interrogea tout à coup le père Deschamps.

Les fils se mirent à le regarder, se demandant quelle était l'idée du vieux.

— Déchaussez-vous tous et je vous le dirai.

— Allons, je vais commencer, fit le père. Et rapidement, il enleva ses mocassins. Chacun aperçut une bonne chaussette grise, épaisse et chaude.

Mais alarmée, Malvina, la femme de Raclor, qui avait compris où Deschamps voulait en venir, intervint:

— Vous savez, je ne prétends pas être plus travaillante qu'une autre, mais j'ai fait mon lavage jeudi, et le linge au lieu de sécher a gelé. Comme nous sommes partis un peu pressés, on s'est mis comme on a pu.

— Laissez donc, Malvina, je sais bien que Raclor n'a pas de misère avec vous. Je veux seulement savoir qui a les meilleurs chaussons.

---

1. *Créatures*: euphémisme pour «filles» ou «femmes».

Raclor se déchaussa donc à son tour. L'odeur qui se dégagea montra de suite que les chaussettes n'avaient pas vu la lessive depuis quelque temps.

— Eh, mais, il n'est pas nu-pieds, remarqua Deschamps. Allons, c'est à ton tour, Ti Tome.

Visiblement embarrassé, St-Onge, le gendre, ne se pressait guère. Il dut cependant s'exécuter. Il enleva sa « congress »[1] gauche. Le gros orteil, un orteil à l'ongle que sa longueur faisait ressembler à une griffe, sortait entièrement d'un chausson jadis blanc, mais jauni par un long usage. Ce morceau de chair donnait l'impression d'une minuscule tête de poupon sortant de son maillot.

— T'as trop chaud aux pieds ; tu mets des ventilateurs, fit Tifa, pas fâché de pousser une pointe à sa sœur.

Alors triomphalement, il retira sa botte et exhiba à l'admiration générale une chaussette d'un blanc immaculé.

— Des chaussons de marié, déclara Charlot, le vieux garçon.

Et Deschamps prononça ainsi son jugement :

— Rosalie, venez m'embrasser. Vous êtes la meilleure femme.

Et à Tifa :

— Prends-en bien soin.

---

1. *Congress*: bottine dont la tige s'ajuste à la cheville grâce à deux brides élastiques posées dans les côtés ; vient de l'anglo-américain *congress boot*.

XV

Deschamps criblait son blé. Cette besogne se faisait dans la salle, à l'avant de la maison. Des draps de coton avaient été étendus sur le plancher pour empêcher le grain de pénétrer dans les fentes. Le vieux tournait la manivelle et, par un orifice pratiqué au plafond, le grain tombait du grenier dans la trémie de la machine. Là-haut, Charlot muni d'une pelle comblait le trou qui se creusait au milieu du tas, veillait à ce que le filet coulât régulier, sans interruption. Par moment, lorsqu'il était en avance sur son travail, il s'étendait au bord de l'amoncellement et savourait la sensation d'être entraîné vers l'abîme, de sentir le vide se faire sous sa poitrine. D'autres fois, il laissait son poing reposer inerte à la surface et il le regardait s'enfoncer graduellement, disparaître avec le froment. Aussi, il tenait sa main dans la crevasse, laissait le blé froid lui glisser sur la peau qui devenait sèche et lisse comme une pièce de métal polie par un long frottement, le soc d'une charrue après le premier jour de labour.

Sans arrêt, Deschamps tournait sa manivelle, et la pièce s'emplissait du dur grincement des roues à engrenage, du monotone bourdonnement de l'éventail.

L'on était en janvier, et le froid faisait croître dans les fenêtres toute une étrange et capricieuse flore de glace.

Au dehors, la poudrerie courait par les champs, par les routes, glissait entre les vieux pommiers aux branches noires, éperdues, passait par-dessus les toits. Chacun devait être enfermé chez soi.

En arrière du crible, s'amoncelait le blé nettoyé, prêt à être envoyé au moulin, à être converti en farine.

Dans la cuisine, Mâço et la Scouine préparaient le dîner. Soudain, l'on heurta en avant, l'on ébranla la contre-porte.

Deschamps n'entendit pas. De nouveau et plus fort, l'on frappa, mais sans plus de succès. À un choc plus violent qui secoua les vitres, Deschamps surpris, cessa de tourner et alla ouvrir. Avant de détacher l'huis, il s'arrêta une seconde, se demandant quels étaient les enragés en route par un temps pareil. Finalement, il poussa le crochet, mais celui-ci tenait bon, et Deschamps flanqua un coup de pied dans les planches. Au-dessus de sa tête, le fer grinça en glissant dans l'œillet.

Enveloppés dans de lourds capots[1] en chat sauvage et la figure à moitié cachée par leur crémone[2], trois hommes étaient sur la galerie, et deux voitures, une carriole et une traîne[3], étaient arrêtées à côté de la clôture du parterre. Deschamps reconnut avec étonnement M. Dubuc, curé de la paroisse, et deux marguilliers, Moïse Bourcier et le Grand Baptiste. De la main, il leur fit signe d'entrer, et les trois arrivants pénétrèrent dans la maison convertie en hangar. Si Deschamps avait été surpris de voir apparaître le curé, celui-ci l'était encore davantage de se trouver dans semblable pièce. Après avoir jeté ses mitaines sur le crible, il enleva son cache-nez et son casque de loutre, cependant que le fermier criait à sa femme et à sa fille d'apporter des chaises.

La figure rasée du prêtre, rougie par le froid, donnait l'impression d'un morceau de viande saignante.

---

1. *Capots*: longs manteaux de fourrure pour hommes.
2. *Crémone*: écharpe en laine tricotée.
3. *Traîne*: traîneau.

— Vous ne m'attendiez donc pas ? demanda-t-il. Vous ne saviez pas que je faisais la visite du jour de l'An ?

— Mais non, répondit Deschamps.

— Vous n'étiez pas à la messe dimanche ?

— Pour sûr que non ; i faisait trop mauvais.

M. Dubuc se frottait les doigts pour les réchauffer. Alors Deschamps suggéra :

— Vous prendrez ben queuchose, m'sieu l'curé ?

Et celui-ci acquiesça.

— Ce n'est pas de refus, dit-il.

La Scouine courut à la cuisine chercher une bouteille et des verres. Deschamps les remplit et les passa à ses visiteurs. Debout autour du crible, les quatre hommes tenaient leur coupe.

— C'est pour vous saluer, dit le prêtre, et il vida la sienne.

Mais avant que les autres eussent eu le temps de boire, le curé s'étouffait, se mettait à tousser, la figure congestionnée.

— Il est fort, votre whiskey, déclara-t-il, lorsqu'il put enfin respirer.

Deschamps regarda son flacon et resta stupéfait.

— Cré[1] malheur, s'exclama-t-il, il est en esprit[2].

En effet, la Scouine s'était trompée, avait apporté la boisson non baptisée[3].

— J'ai encore plus de chance que mon vicaire, reprit M. Dubuc. Hier, on lui a fait boire de l'eau de javelle.

---

1. *Cré* : abréviation de « sacré ».
2. *En esprit* : pur, exempt de tout mélange, donc extrêmement fort au goût.
3. *Baptisée* : pure, non affaiblie par un autre liquide.

— Si vous voulez que le curé ne vous garde pas rancune, vous allez être obligé de lui faire un bon présent pour l'hospice, fit en riant Moïse Bourcier.

— Je vais vous donner un demi-minot de blé, répondit Deschamps, et ce disant, il emplit sa mesure dans le tas.

Le Grand Baptiste sortit pour aller chercher un sac dans la boîte carrée.

— Allons, faut continuer, annonça M. Dubuc.

— Prendriez-vous un autre p'tit coup, m'sieu le curé ?

— Non, merci. J'en ai pris au moins deux dans un en arrivant et je vais en rester là.

— Pas de gêne.

— Non, je vous remercie. Et puis, venez à la messe dimanche prochain.

XVI

Trois mauvaises nouvelles! annonça la Scouine en entrant à la maison à son retour de la messe.

— Le vieux Gendron s'est nayé en passant su la rivière Saint-Louis. I portait les provisions à sa p'tite fille au couvent. La glace n'était pas solide, mais i a voulu avancer quand même et i a péri. I mangeait ane pomme lorsqu'i a enfoncé.

La Scouine enleva son manteau et s'approcha du poêle.

Deschamps et sa femme figés, attendaient la suite des malheurs annoncés.

— L'un des enfants de Charles Marchaterre s'est ébouillanté. Sa mère se préparait à laver et i est tombé dans la cuve. I a les mains et les bras tout cuits. I a quatre ans et demi.

Enfin, elle ajouta:

— Ernest Lecomte est ben malade des fièvres[1]. I a été administré et i va mourir. I a été recommandé aux prières.

— Quand a-t-il reçu l'extrême-onction? demanda Deschamps.

— Jeudi, répondit la Scouine.

Ernest Lecomte était le fils de l'un des voisins, établi depuis cinq ans au rang du Quatre où il prospérait. Il était célibataire et sa sœur Léa tenait[2] sa maison.

— I a des ben belles vaches, remarqua Charlot après un moment de silence.

— I aurait teut ben moyen d'les avoir à bon compte, fit Deschamps.

---

1. *Fièvres*: fièvre typhoïde.
2. *Tenait*: entretenait.

— Si i est pour mourir, ben sûr que Léa les vendra à n'importe quel prix pour mettre l'argent dans sa poche, déclara la Scouine.

Et les yeux luisants de malice, elle regarda tour à tour son père, sa mère et son frère.

Depuis plusieurs années, Ernest Lecomte remportait toujours les premiers prix avec ses bestiaux aux concours agricoles. À une exposition de comté, il avait reçu une très belle offre pour son troupeau, une offre tentante. Il avait consulté son père qui était là.

— J'peux avoir huit cent piastres pour mes huit vaches, avait-il dit. J'ai envie de les laisser aller.

— Vendre tes vaches ! Mais c'est pas à faire. Si tu vends tes vaches t'auras pas d'fumier, et ane terre sans fumier, ça devient pomonique[1].

Et le jeune fermier avait gardé ses bêtes.

Urgèle Deschamps flairait un bon marché. Il se présentait là une occasion comme il n'en rencontrerait pas de sitôt. Aussi, bien que le froid fût très vif, il fit atteler sur la boîte carrée[2] après le dîner et, son capuchon sur la tête, sa crémone autour du cou et bien enveloppé dans un robe[3] de buffle, il partit pour le rang du Quatre.

Après avoir mis son cheval à l'abri, il entra un moment dans l'étable, jeter un coup d'œil. Les huit vaches étaient là bien grasses, bien propres sur leur litière de poysar[4], devant leur crèche de bon trèfle. De fameuses laitières, il

---

1. *Pomonique* : mauvaise prononciation de « pneumonique » ; employé métaphoriquement ici pour désigner une terre pauvre, qui n'est pas en bonne santé.
2. *Boîte carrée* : traîneau à caisse rectangulaire.
3. *Robe* : couverture de voyage en fourrure.
4. *Poysar* : paille qui sert de litière aux animaux de ferme ; archaïsme qu'on trouve chez Rabelais.

le savait, et qui rapportaient gros par année, oui, autant que la récolte de cent arpents d'orge.

Ah ! il fallait faire un effort pour les avoir – à moitié prix s'entend.

— Ernest est bien mal. Il est dans le délire depuis trois jours, répondit Léa lorsque le vieux Deschamps se fut informé du malade en entrant.

— J'ai appris ça à midi, avant d'manger. Alors, j'me sus dit : Ben faut qu'j'aille voir c'pauve Ernest.

Et très intéressé en apparence, il voulut savoir le nom du médecin appelé et se fit raconter par le détail toute la maladie. Finalement, il demanda à Léa si elle avait quelqu'un pour l'aider dans les travaux du dehors.

— Il y a Alexandre Duquet, un voisin, qui vient faire le train tous les jours.

— Et tu le paies ?

— Bien sûr. Personne ne travaille pour rien.

— Dans ce cas, au lieu de dépenser ton argent, pourquoi ne vends-tu pas tes animaux ? J't'achèterais peut-être tes vaches si me les laissais pas trop cher.

— Oh ! Ernest ne veut pas les vendre.

— Laisse donc faire. Tu vois bien qu'il est fini. Vends donc, et serre l'argent. I a pas fait d'arrangements[1]. Alors, quand i s'ra mort, tu n'auras que ta part, tout comme tes frères, et t'auras travaillé pour rien. Profites-en à c'te heure.

— Ernest a fait son testament, répondit fermement Léa.

Alors, insinuant, l'air finaud, il lui coula à l'oreille :

---

1. *Arrangements* : testament.

— Oui? Mais tu sais, un testament ça s'attaque, ça se casse, et si j'étais à ta place, j'vendrais tout c'que je pourrais et j'me mettrais un bon magot de côté. J'te donne trois cents piastres pour tes huit vaches, trois cents belles piastres comptant, que tu pourras serrer et que personne ne pourra t'ôter.

— Je n'ai rien à vendre, répondit encore plus énergiquement Léa. Si Ernest revient à la santé, venez lui faire vos offres. S'il meurt faites-les à la famille.

Urgèle Deschamps retourna chez lui bredouille.

XVII

Charlot avait vingt-cinq ans et ne parlait pas de se marier. Jamais il ne sortait et les jeunes filles semblaient le laisser indifférent. Timidité probable. Le dimanche, cependant, il n'était pas sans faire un peu de coquetterie. Après s'être fait la barbe au petit miroir accroché à la fenêtre, il se parfumait les cheveux d'huile Palma-Christi[1], chaussait ses bottes en veau français et mettait un beau col en papier glacé. C'était chez lui un point d'orgueil de porter un collet blanc le dimanche, hiver comme été. Aussi en achetait-il une boîte d'une douzaine chaque année. Il n'oubliait pas non plus, de prendre son mouchoir de filoselle bleue dont il laissait pendre un coin hors de la poche supérieure de son habit. Avant de monter en boghei pour se rendre à la messe, et pendant que la Scouine se fardait les joues en les frottant avec des feuilles d'orme, il se regardait non sans satisfaction dans la minuscule glace fixée au fond de son chapeau.

L'office fini, il s'empressait avec les autres jeunes gens de former la haie sur le perron de l'église pour assister au défilé des belles de la paroisse.

Après le dîner au pain sur et amer, marqué d'une croix, Charlot montait au grenier faire un somme.

Il s'étendait sur une robe de carriole, la figure enfouie dans la longue fourrure brune, moelleuse, au relent âcre de bêtes.

---

1. *Huile Palma-Christi*: variété d'huile qui rendait les cheveux luisants et odorants.

Un grand silence chaud, enveloppant, appesantissait, fermait peu à peu ses paupières, le poussait invinciblement au sommeil.

Le silence cependant, n'était pas toujours le même, il semblait pour ainsi dire, mobile, changeant. En d'infinitésimales parcelles de secondes il devenait autre, différent. Par moments, il était celui d'une nef d'église, après vêpres, quand les dévotes s'en sont allées de leur pas lent et capitonné. D'autres fois, il était celui qui règne dans les confessionnaux où dorment les vieux péchés. Parfois encore, c'était le silence aigu, suprême, qui précède les catastrophes, les choses irrémédiables. Soudain aussi, le silence était si intense, qu'il donnait l'impression d'un autre silence, d'un abîme vertigineux, du néant.

Une paix immense remplissait le petit grenier.

Des odeurs diverses, odeur grasse de laine cardée, odeur piquante de cuir, odeur fade de bois poussiéreux, odeur forte qui traîne dans les pièces où ont rôdé les souris, assaillaient sans les émouvoir les narines de Charlot. Les mouches bourdonnantes parmi les défroques, les habits déformés accrochés de tous côtés à des clous, faisaient plus grande la solitude. Elles semblaient laisser dans l'air un sillage ténu comme un fil d'araignée, invisible. Endormants comme des passes d'hypnotiseur étaient ces volettements. Comme derrière le vitrage blême de certaines serres se voient des fleurs rares, étranges, monstrueuses, sur les carreaux salis de l'étroite fenêtre éclairant cette retraite, des mouches géantes, grasses et repues faisaient béatement la sieste au soleil, vivaient dans une douce quiétude.

Inconscient des inéluctables destins en marche, Charlot, les cheveux huileux et luisants mêlés au poil de la peau de buffle, de grosses sueurs lui coulant sur le front et les yeux, ses membres lourds et raidis de fatigues, plongés dans la ouate du repos, dormait d'un sommeil de brute.

D'autres après-midi de dimanche, Charlot, pour tuer le temps, s'arrachait les piquants de chardons qui lui bourraient les mains. Pour quelques-uns, il était obligé de recourir à la Scouine ; celle-ci alors, s'interrompait de lire la « Minerve » pour lui venir en aide. De rares voitures passaient sur la route tortueuse. Dans quelques-unes, les promeneurs faisaient de l'accordéon, et l'éloignement donnait l'impression que l'instrument était brisé, ne rendait plus de sons. Les silhouettes fuyantes de Frem et de Frasie Quarante-Sous[1], droits et raides sur leur siège, distrayaient un moment les regards. Charlot bâillait longuement en s'étirant. Le frère et la sœur n'échangeaient pas dix paroles de l'après-midi.

Sur la question du mariage, Charlot était absolument muet. Le sacrement ne le tentait guère. Mâço cependant, était convaincue qu'il se déciderait un jour à se choisir une compagne, et elle rêvait pour lui une femme riche, travaillante et économe. Elle se représentait son fils installé dans une jolie maison qui ferait l'envie de tous les voisins et dont on parlerait au loin. Ambitieuse, Mâço souhaitait voir Charlot s'établir, devenir quelqu'un. Deschamps battu en brèche par sa femme se décida à construire la demeure projetée. Pendant un mois ils discutèrent si elle serait en pierre, en brique ou en bois. Après de longues délibérations, et après avoir consulté Charlot, il fut décidé qu'elle serait en brique. Un site fut choisi en face du canal.

Des steamers blancs bondés de touristes, d'étroits navires marchands se rendant aux ports des grands lacs[2],

---

1. *Quarante-Sous* : surnom donné à Frem et Frasie, un couple de la région.
2. *Grands lacs* : référence aux lacs Érié, Huron, Michigan et Supérieur ; une série de canaux navigables y menaient.

de vieilles goélettes grises tirées par des remorqueurs, et
de lourdes barges chargées de bois que traînaient péniblement, avec un bruit de sabots sur le macadam, des chevaux
s'arcboutant, au dos en forme de dôme, de vastes plaies
aux épaules, et que fouettaient à tour de bras, sur les
jambes, en proférant des litanies de jurons, des gars à sinistre figure, défilaient là à toutes les heures, brisant la mono-
tonie des lentes journées.

— Pour dire comme on dit, su-t-en bâtisse[1], annonçait
à quelque temps de là Deschamps chez le forgeron.

— Ane grange?

— Non, ane maison pour Charlot.

Deschamps organisa une corvée pour le transport
de la brique qu'il fallait aller chercher à dix lieues. Vingt
voitures partirent un matin d'été et revinrent le soir en
procession.

— Pour dire comme on dit, su't'en bâtisse.

C'était là la phrase avec laquelle Deschamps abordait
tout le monde maintenant. La maison de Charlot l'acca-
parait tout entier. Rapidement la charpente s'éleva. Mâço
et la Scouine apportaient dans une chaudière[2] le dîner aux
menuisiers et aux maçons. Dans ces visites quotidiennes,
la vieille femme inspectait les travaux, et, sans qu'on le lui
demandât, donnait son avis sur toute chose. Une discus-
sion s'éleva un jour entre elle et Deschamps au sujet d'une
fenêtre. Mâço voulait un œil-de-bœuf à l'étage supérieur
et Deschamps était absolument opposé à cette idée. On
s'obstina de part et d'autre. Mâço réclamait toujours une
ouverture ronde. Agacé, son mari lui tourna le dos et,
devant les ouvriers qui le regardaient:

1. *J'suis en bâtisse*: je suis en train de réaliser une construction.
2. *Chaudière*: seau.

— J'en ai un châssis rond là pour toué, déclara-t-il, en désignant son postérieur.

Ce mot termina la dispute.

Lorsque les travaux de charpente furent terminés, ce fut Charlot qui alla poser le bouquet sur le faîte de la bâtisse. Comme il gravissait avec son rameau de sapin tout enguirlandé de rubans multicolores les degrés de l'échelle conduisant au sommet de la couverture, il se sentait tout gai, tout joyeux. Sa maison serait bientôt construite.

Rendu en haut, il poussa un enthousiaste hourra en agitant triomphalement la branche verte. Il la cloua ensuite après l'un des chevrons pendant que Deschamps, Mâço et les charpentiers le regardaient d'en bas.

Au moment de redescendre, Charlot manqua maladroitement un échelon et, sous les regards terrifiés de ses parents et des ouvriers, roula en bas du toit et alla s'écraser sur le sol.

On le releva sans connaissance.

Le médecin qu'on alla quérir au village constata que Charlot avait trois côtes, une jambe et un bras de brisés.

Charlot passa soixante jours au lit. Lorsqu'il se remit debout et put enfin marcher, ce ne fut qu'en boitant.

Il resta infirme.

Dans sa famille, ses frères le surnommèrent le Cassé.

XVIII

La maison fut construite, mais Charlot ne se maria pas. Séduit par les grâces de Mlle Célina, servante chez les Lussier, il lui fit quelques visites et se posa en prétendant. Il lui apportait le dimanche un sac de pastilles de menthe, des « paparmanes »[1] dans le langage de Charlot. Dans des causeries simples il formula son rêve : vivre ensemble bien tranquillement, avoir une grande basse-cour, et faire l'élevage des volailles, ce qui ne demande pas beaucoup de travail et rapporte de beaux bénéfices. Naturellement, il parla de sa maison qui l'attendait, qu'il habiterait en se mariant. En manière de madrigal[2], il ajouta que son plus grand désir était d'y faire entrer une jolie fille comme celle qu'il suppliait d'être sa femme. Son bien était clair et net, et il était impossible de ne pas être heureux. Peut-être la servante se serait-elle laissée gagner par cette promesse de vie facile, par la certitude de l'existence assurée, sans les machinations d'un gars arrivé depuis une couple d'années dans la paroisse et employé comme manœuvre chez Raclor. Ce garçon, beau parleur, d'humeur joviale, et ayant quelque peu voyagé, n'eût pas plutôt appris les assiduités de Charlot auprès de Mlle Célina qu'il se mit en tête de le supplanter. Guilbault, – c'était le nom du valet de ferme – n'eut qu'à se présenter pour vaincre. Un soir, lui et Charlot se rencontrèrent auprès de leur belle. Le nouveau venu sut intéresser et amuser Mlle Célina. Elle fut charmée, séduite, et oubliant le pauvre Charlot, ne lui adressa pas deux paroles. Après avoir patienté pendant une heure,

---

1. *Paparmanes* : déformation de l'anglais *peppermint*.
2. *Madrigal* : compliment galant.

celui-ci demanda son chapeau. Il partit et ne revint pas. Guilbault satisfait du tour joué en fit autant. Découragé par cet échec, Charlot résolut de ne plus s'exposer à manger d'avoine[1]. Se sentant piteux et infirme, il s'abstint désormais de tiser[2] les jeunes filles et se borna à cet unique essai.

La maison, la belle maison qui ressemblait à un presbytère, la maison construite avec tant de soin pour le fils de prédilection, la maison orgueil des Deschamps attendit toujours la jolie épousée et le festin de noces.

Elle n'abrita jamais ni grande joie ni grande douleur; ni la vie ni la mort ne franchirent son seuil. Avec ses fenêtres éternellement closes, ses portes fermées, elle prit un air de deuil et d'abandon. À sa vue, le passant éprouvait une vague impression de malheur, songeait à quelque catastrophe soudaine qui aurait bouleversé toute une existence.

Elle criait la vanité et la fragilité de nos espoirs.

La pluie, le froid, l'humidité, la rongèrent peu à peu, accomplirent leur œuvre de destruction. De loin, elle conservait toujours sa belle apparence, elle en imposait. Mais, le toit creva, et l'eau dégouttant sur les chevrons, les planchers, les soliveaux, les cloisons, les pourrit lentement. Sous l'action de l'air et de la gelée, les briques s'effritèrent, se pelèrent. L'herbe et la mousse envahirent la pierre du perron. Comme son maître, la maison s'en allait en ruines. Les saules plantés tout autour lors de sa construction, avaient grandi rapidement, mais n'étant jamais taillés, ajoutaient encore à sa désolation.

Charlot vieillit. Ses cheveux grisonnèrent, et il traîna plus lourdement, plus péniblement sa jambe boiteuse. À mesure que s'écoulaient les années, il devenait plus

---

1. *Manger d'avoine*: se faire supplanter par un rival.
2. *Tiser*: courtiser.

XIX

C'était jour d'élections. Les Bleus et les Rouges[1] se disputaient le pouvoir et la population était divisée en deux camps absolument tranchés. Tous les Anglais sans exception étaient conservateurs, tandis que la grande majorité des Canadiens français était libérale. Déjà, il y avait eu des bagarres aux assemblées politiques et l'on appréhendait des troubles sérieux autour des bureaux de votation. Des animosités de race[2] fermentaient, menaçaient d'éclater. Cependant, comme la Saint-Michel, date des paiements approchait, les fermiers n'oubliaient pas les affaires. Certes, ils iraient voter, mais ils profiteraient de l'occasion pour vendre un voyage de grain, d'autant plus que Robillard avait entrepris de charger une barge d'orge et qu'il la payait quatre chelins[3] le minot[4].

Dès le matin, à bonne heure, ce fut sur toutes les routes conduisant au chef lieu du comté une longue procession de wagons remplis de sacs de toile, bien propres, bien blancs, cordés avec soin. Chacun allait vendre son orge.

Les Anglais tenaient évidemment à voter tôt, car dès huit heures, ils se rendaient déjà au village. Deschamps qui comptait avoir quinze cents minots de grain cet automne-là, n'avait pu terminer son battage la veille comme il l'espérait. Il tenait absolument à le finir cependant, et

---

1. *Les Bleus et les Rouges*: les Bleus (conservateurs) étaient identifiés aux anglophones, et les Rouges (libéraux), aux francophones. À l'époque de *La Scouine* (seconde moitié du XIXᵉ siècle), les Bleus dominaient la scène électorale. La situation s'inversa en 1895, lorsque Wilfrid Laurier, libéral, devint premier ministre.
2. *Race*: terme couramment utilisé à l'époque dans le sens de « nationalité » ou d'« identité linguistique ».
3. *Chelins*: de l'anglais *shilling*, ancienne monnaie équivalant à vingt sous.
4. *Minot*: mesure de capacité équivalant à 36 litres.

cette besogne lui prit une partie de l'avant-midi. Après le dîner, il partit donc avec une quinzaine de poches dans sa charrette.

Sur la route de glaise, dure comme du ciment, bordée de trèfles d'odeur, de verges d'or et d'herbe Saint-Jean, son petit cheval bai marchait d'un pas régulier et, sur son dos, luisaient les têtes dorées des clous du harnais.

Deschamps alla livrer son orge chez Robillard. Là, il apprit que les Anglais s'étaient emparés du poll[1] et en défendaient l'approche à leurs adversaires. Cette nouvelle n'était pas pour intimider Deschamps qui était un rude batailleur.

Il attacha son cheval à la porte d'un vaste hangar en pierre, où il se trouvait à l'ombre, et partit vers la salle du marché public. En approchant, il constata que les Anglais avaient bien pris leurs mesures. Ils avaient disposé leurs voitures en rectangle autour de l'édifice et n'avaient laissé qu'un étroit passage libre qu'ils surveillaient. Cette tactique en avait imposé, et peu de Rouges s'étaient aventurés dans le voisinage de cette forteresse. Les audacieux qui avaient tenté de s'approcher avaient reçu un mauvais accueil. Justement, Deschamps se heurta à Bagon venu au village pour voter. Le Coupeur s'était endimanché, avait mis son haut de forme et le surtout de drap qui lui avait servi lors de son mariage. Malheureusement, il avait fait la rencontre de quelques Anglais et l'un d'eux lui avait, d'un coup de fouet, coupé son tuyau en deux. Les compères avaient continué leur route en riant aux éclats de la bonne farce. Ce récit ne fit qu'aiguillonner Deschamps qui se dirigea d'un pas plus rapide vers l'ennemi. Trois grands gaillards, postés en sentinelle, gardaient le passage conduisant au bureau de votation. Comme Deschamps s'approchait,

---

1. *Poll*: anglicisme pour « bureau de vote ».

ces braves se mirent à ricaner et le plus gros de la bande
l'apostropha d'un :

— Que veux-tu maudite soupe aux pois[1]?

Un formidable coup de poing à la mâchoire fut la
réponse de Deschamps. L'Anglais s'affaissa comme une
masse. Les deux autres se ruèrent sur le Canadien, mais le
premier reçut dans le bas ventre une botte si rudement
poussée qu'il roula sur le sol en faisant entendre un affreux
gémissement et en se tordant. Le troisième cependant, un
Irlandais d'une malpropreté repoussante, aux mains cou-
vertes de verrues, avait saisi Deschamps à la gorge et tentait
de l'étouffer. Le Canadien se défendait avec énergie et par-
vint à faire lâcher prise à son antagoniste. Une lutte corps
à corps s'engagea alors entre les deux hommes. Un croc-
en-jambe habilement appliqué fit perdre l'équilibre à
l'Irlandais qui s'abattit. Saisissant une poignée de foin qui
traînait par terre, Deschamps tenta de le faire manger à
son ennemi vaincu, mais celui-ci lui mordit férocement
un doigt. Dans sa rage, Deschamps ramassa une boulette
de crottin frais, et la fit avaler à l'Irlandais, lui cassant par
la même occasion une demi-douzaine de dents.

Deschamps put croire à ce moment qu'un mur de
briques s'écroulait sur lui, car une dizaine d'Anglais
s'étaient précipités sur le Canadien et le démolissaient avec
leurs poings et leurs pieds. C'étaient une grêle de coups.
Deschamps était absolument sans défense. On ne sait trop
ce qui serait arrivé, si l'un des agresseurs n'eût tout à coup
commandé aux autres de s'arrêter. On lui obéit. En quelques
mots, il exposa son idée, puis il s'éloigna. Au bout d'une
minute, il revint avec une charrette. Alors tandis que quatre

---

1. *Soupe aux pois* : surnom moqueur que les anglophones donnaient aux francophones ; ils disaient aussi *pea soup,* qui s'est transformé plus tard en
« pissou ».

ou cinq de la bande, maintenaient Deschamps, un autre lui passa un câble au cou et attacha l'autre extrémité au chariot. Les Anglais sautèrent dans la voiture puis le chef fouetta le cheval qui partit au grand trot, traînant Deschamps derrière le char comme un animal que l'on conduit à l'abattoir. Criant à tue-tête, braillant, hurlant, vociférant, les Bleus et leur burlesque équipage parcouraient les rues, semant l'épouvante. Moulu, essoufflé, nu-tête, la figure tuméfiée et sanglante, les côtes, les jambes et les reins meurtris, Deschamps courait derrière la charrette, butant contre les pierres et écumant de rage impuissante. La voiture fit ainsi le tour du village sans que personne osât intervenir, tellement la population était terrorisée. Finalement, elle prit le chemin de la campagne. Elle fit encore un bon mille, puis comme Deschamps râlait, à moitié étouffé, le chef détacha le câble et le jeta sur l'épaule de Deschamps.

— Garde-le comme souvenir, dit-il, et s'éloigna avec ses compagnons.

Les Bleus avaient triomphé ce jour-là.

XX

Les foins étaient commencés depuis un mois, mais par suite des pluies continuelles il n'y avait presque rien de fait nulle part. À quelques heures d'intervalle, les orages se succédaient après la courte apparition d'un soleil fantômal[1]. Subitement, le ciel devenait noir, menaçant, et de gros nuages en forme de corbillards, se poursuivant à l'horizon, crevaient sur la campagne verte et plate, déversant sur elle des déluges d'eau qui la noyaient. Parfois, la pluie tombait interminablement pendant des journées entières, battant les fenêtres, où souvent un vieil habit bouchait un carreau cassé, et chantant sur les toits des maisons et des granges sa complainte monotone.

Et pendant les nuits sombres, sans étoiles, une petite note aiguë et désolée, d'une inexprimable tristesse, obsédante jusqu'à l'angoisse, le coassement des grenouilles, déchirait les ténèbres. En vain, celles-ci semblaient vouloir l'étouffer de leur bâillon humide et mou, la plainte, toujours renaissait, obstinée, douloureuse...

Dans les greniers, couchés sur leur paillasse ou une robe de carriole, les gars dormaient à poings fermés. Dans la journée, les pieds pataugeant dans une boue gluante, devenaient lourds, énormes. Avant d'entrer, on les essuyait sur une brassée de poysar déposée à côté du perron.

Tous les efforts des fermiers étaient paralysés et le découragement commençait à se faire sentir. Dans un moment de dépression, un homme s'était pendu. L'inutilité des labeurs, des durs travaux, apparaissait. Le curé et son

---

1. *Fantômal* : fantomatique ; l'adjectif semble être une création de Laberge.

vicaire ne pouvaient suffire à chanter toutes les grand-messes recommandées par les cultivateurs de la paroisse. Chaque dimanche, au prône, le vieux prêtre exhortait d'une voix navrée ses ouailles à la prière, afin de fléchir le Seigneur et d'obtenir un terme à ses rigueurs. Finalement, après quatre semaines d'orages et d'averses, le beau temps si ardemment désiré revint. Un soleil ardent chauffa la terre, mûrissant foins et grains. Bientôt, les faucheuses mécaniques firent entendre leur puissant ronflement. Du matin au soir, planait sur cette mer de verdure le sonore bourdonnement de l'essaim des machines de fer, semblable à celui d'une meule géante. La paix et le calme étaient comme brisés, hachés. Une fièvre de travail et d'activité animait tout le pays, le faisait vivre d'une vie intense. Il fallait se hâter.

Le vieux Deschamps avait loué deux aides, Bagon le Coupeur et l'Irlandaise, une vagabonde arrivée depuis quelque temps dans la région. C'était une grande femme de quarante ans, sèche et jaune, qui, aux jours de chômage, se saoulait abominablement au gin. Dure à la besogne autant qu'un homme, dont elle ne recevait que la moitié du salaire, elle était une vaillante ouvrière.

Deschamps coupait sans relâche, la Scouine râtelait, Bagon mettait le foin en veillottes[1], Charlot et l'Irlandaise faisaient le charroyage[2].

On était au vendredi.

Dans la grande chaleur, les hommes et les chevaux dégageaient une forte odeur de sueurs, un puissant relent

---

1. *Veillottes*: tas de foin alignés dans le champ avant qu'on les transporte dans la grange.
2. *Charroyage*: action de charroyer; canadianisme.

d'animalité. Très incommodantes, les mouches piquaient avec un acharnement féroce.

Le midi ardent brûlait le sang.

De tous côtés, dans les champs, se dressait la masse des charretées de foin, et la stature du chargeur découpait sur le ciel bleu sa silhouette noire.

Bagon qui, depuis quelques minutes, prononçait des paroles inintelligibles, planta sa fourche dans le sol, et s'arrêta derrière une veillotte. Du haut de son voyage, l'Irlandaise l'aperçut, jouissant solitairement. Elle lui cria des obscénités, mais Bagon demeura sourd, tout secoué par son spasme.

Charlot et l'Irlandaise riaient très haut, et commentaient la chose avec des mots ignobles qui les troublaient eux-mêmes.

Il plut le lendemain, et l'Irlandaise, ayant reçu un peu d'argent, partit pour aller chercher un flacon de genièvre[1]. Elle ne rentra qu'à la nuit noire, à moitié ivre.

Depuis le commencement des travaux, Charlot couchait sur le foin, dans la grange. Il dormait ce soir-là depuis un temps inappréciable, lorsqu'il fut soudain éveillé. C'était l'Irlandaise qui montait péniblement, en geignant, l'échelle conduisant sur la tasserie[2]. Charlot crut qu'elle ne parviendrait jamais à arriver en haut. À un énergique juron, il comprit qu'elle avait manqué un échelon. Il se demanda si elle n'allait pas échapper prise et tomber dans la batterie[3]. Après beaucoup d'efforts, l'Irlandaise mit finalement le pied sur le carré. D'une voix rauque et avinée, elle se mit à appeler :

---

1. *Genièvre*: eau-de-vie.
2. *Tasserie*: partie de la grange où l'on entasse le foin.
3. *Batterie*: partie de la grange où l'on bat le blé.

— Charlot ! Charlot !

— Quoi ? demanda celui-ci.

Se dirigeant dans la direction de la voix, les jambes embarrassées dans le foin et trébuchant à chaque pas, l'Irlandaise arriva à Charlot. Elle s'affaissa près de lui, les jupes trempées et boueuses, l'haleine puant l'alcool. Attisée par le genièvre, elle flambait intérieurement, et Charlot éprouvait lui aussi des ardeurs étranges. Ses trente-cinq ans de vie continente, ses nuits toujours solitaires dans le vieux sofa jaune, allumaient à cette heure en ses entrailles de luxurieux et lancinants désirs. Cet homme qui jamais n'avait connu la femme, sentait sourdre en lui d'impérieux et hurlants appétits qu'il fallait assouvir. Toute la meute des rêves mauvais, des visions lubriques, l'assiégeait, l'envahissait.

Une solitude immense et des ténèbres profondes, épaisses comme celles qui durent exister avant la création du soleil et des autres mondes stellaires, enveloppaient les deux êtres. La pluie battait la couverture de la grange, chantant sa complainte monotone, et la sempiternelle et lugubre plainte des grenouilles s'entendait comme un appel désespéré.

Alors Charlot se rua.

Et le geste des races s'accomplit.

Ce fut sa seule aventure d'amour.

XXI

La Scouine arriva un matin chez les Lecomte, très essoufflée et sous le coup d'une vive émotion.

— Allez-vous à l'exposition? demanda-t-elle en entrant dans la remise où la mère Lecomte et sa fille Eugénie étaient en train d'écosser des fèves pour la soupe du midi.

— Non, ben sûr, répondit la vieille femme. Ça nous tente plus. Nous y sommes allés il y a deux ans, lorsque nous y avons mené notre étalon, mais je ne sais quand nous y retournerons. Et Charlot, y va-t-il?

— Oui, mais figurez-vous qu'il vient de se décider. Il disait hier qu'il voulait finir de crocheter[1] ses pois. Ce matin, il a aiguisé sa faux, puis après le déjeuner, il a changé d'idée et m'a dit de me greyer[2]. Il vient de partir pour chercher son cheval. Oh! il y avait quelque chose qui me disait que j'irais. Je me sauve m'habiller. Bonjour la compagnie!

La Scouine tourna sur ses talons et reprit à la course le chemin de chez elle.

— Bon voyage! Ben du plaisir, lui cria la mère Lecomte.

Une heure plus tard, Charlot et la Scouine, endimanchés, montaient en boghei pour se rendre au concours agricole.

Le long de la route, le frère et la sœur voyaient des gens s'apprêtant à partir eux aussi, pour l'exposition. La Scouine était ravie et souriait béatement sans dire un mot.

---

1. *Crocheter*: faucher.
2. *Greyer*: habiller, vêtir en conséquence.

Le beau temps d'automne remplissait de bien-être.

Près des maisons, des chaudières de fer-blanc, coiffant les pieux des clôtures, luisaient au soleil. Disposés en rang sur les cadres des fenêtres, des tomates et des concombres achevaient de mûrir.

Dans les chaumes gris, sur la terre pelée, des troupeaux de vaches gravement ruminaient...

N'ayant rien à dire, Charlot et la Scouine faisaient des milles en silence. Parfois, l'un d'eux jetait une remarque à laquelle l'autre répondait d'un mot ou d'un signe de tête.

De temps à autre, et sans s'en rendre compte, Charlot de sa voix aiguë, lançait à son cheval un commandement inintelligible.

Les deux promeneurs arrivèrent ainsi à une maison en pierre bleue, prétentieuse et neuve, laide et de mauvais goût. Dans la paroisse, on la désignait sous le nom de Château des Bourdon, et ses propriétaires en étaient très fiers. C'étaient des fermiers qui avaient durement travaillé. La femme Bourdon avait eu une ambition en sa vie : avoir la plus belle maison du comté. Pendant vingt ans, elle s'était mise à la tâche avec ses enfants, cultivant de grandes étendues de légumes, que deux fois la semaine, l'été et l'automne, elle allait vendre à la ville. Elle et sa famille se privaient de tout, économisant chaque sou. La brave femme avait travaillé nuit et jour. Pendant dix ans, elle était allée à la messe le dimanche, avec la même robe d'alpaga noir. Avec l'argent péniblement amassé, elle avait fait construire une maison qui était la réalisation de son rêve. Elle l'avait meublée et avait planté des arbres tout autour pour l'embellir. Puis, elle était partie, sans même avoir eu le temps de l'habiter, enlevée subitement par une maladie de cœur.

— Quand on est mort, pas besoin de maison d'or, avait sentencieusement remarqué un voisin, au cimetière, après les funérailles.

Le fermier Bourdon s'était remarié, après six mois de veuvage, avec une demoiselle de la ville. La nouvelle venue, une jolie brune de trente-cinq ans, fraîche et grasse, à l'œil clair, avait pris possession du château.

Comme Charlot et la Scouine passaient devant la somptueuse résidence, ils virent Mme Bourdon, confortablement installée dans une berceuse, sur la véranda. Elle était coquettement habillée et posait fièrement pour les promeneurs.

— A s'carre[1], hein? fit la Scouine.

— Pourquoi veux-tu qu'elle travaille?... Elle a de quoi vivre, répondit Charlot.

Par la porte entrouverte pour la circonstance, on apercevait les chaises placées deux par deux vis-à-vis des fenêtres, et des chromolithographies de saints dans des cadres dorés accrochées aux murs. On sentait le dédain des deux étrangères, la femme et la belle résidence, pour tout ce qui n'était pas elles-mêmes. Une sourde hostilité semblait émaner d'elles.

La bonne vieille maison où la famille était née et avait grandi, où la mère était morte, avait un air morne de deuil. Son âme paraissait s'en être allée par les blessures béantes des carreaux brisés. Et le château écrasait l'humble demeure de tout l'argent qu'il avait coûté.

Après une course d'une heure et demie, le clocher de l'église se dressa tout près. Le village était rempli d'une foule beaucoup plus nombreuse encore que celle des jours

---

1. *Se carrer*: prendre une attitude d'importance et de satisfaction.

de dimanche et c'était jusqu'au terrain de l'exposition, une procession ininterrompue de voitures, un continuel défilé de piétons. À la barrière, Charlot exhiba sa carte de membre de la Société d'Agriculture et pénétra dans l'enceinte. On entendait là un grand bourdonnement confus. Des groupes allaient et venaient en tous sens, discutant bruyamment, échangeant des poignées de main et des opinions avec les connaissances rencontrées. De tout jeunes garçons riaient très haut en brandissant comme un trophée leur premier cigare. Des chevaux hennissaient et des limonadiers criaient leurs rafraîchissements.

Charlot et la Scouine inspectèrent d'abord les bestiaux : vaches laitières, taureaux, génisses, veaux, attachés aux poteaux de la clôture ; ils allèrent voir les moutons et les porcs, enfermés dans des boîtes à casiers, au centre du terrain. Des pigeons près de là roucoulaient dans des cages, passant leurs becs roses entre les barreaux. Des lapins et un écureuil attirèrent également l'attention de Charlot et de sa sœur. Les chevaux se trouvaient de l'autre côté de l'enclos. Ils les allèrent examiner. Plus loin, les instruments aratoires les tinrent longtemps en contemplation. Enfin, en regardant bien à leur aise tout ce qu'ils rencontraient sur leur passage, ils se trouvèrent au corps principal des bâtiments où étaient exposés les produits de l'industrie domestique ; tapis, catalognes[1], ouvrages en laine. La foule y était plus dense que partout ailleurs. C'était là aussi que se trouvait la bande des faméliques exploiteurs de fêtes foraines, propriétaires de jeux de hasard, vendeurs de bijoux de camelote, etc. Les campagnards faisaient groupe autour de ces peu scrupuleux industriels.

---

1. *Catalognes* : grosses pièces d'étoffe faites au métier à tisser.

Les eaux gazeuses, le cidre et les sirops aux couleurs d'or, roses, rouges, brillaient dans les verres que les buveurs dégustaient orgueilleusement. La clientèle augmentait sans cesse. Les bouteilles luisant au soleil étaient un véritable miroir aux alouettes[1]. Les gens entouraient la table, attendant leur tour pour boire. Les bouchons partaient avec un bruit d'explosion, ce qui contribuait encore à attirer la foule.

Un grand jeune homme vidait un verre de liqueur, à petites gorgées, en toisant les filles qui passaient. Voyant s'approcher la Scouine:

— J'vous offrirais ben quelque chose, mamzelle, dit-il, ironiquement, mais je viens de dépenser mon dernier sou.

Non loin de là, le possesseur d'une roulette, petit homme maigre, l'air malpropre avec une barbe de quinze jours, un mouchoir de filoselle noué autour du cou, s'évertuait à attirer l'attention de la foule.

— Venez faire fortune, criait-il, vous recevrez deux pour un, quatre pour un, et jusqu'à dix pour un. Essayez votre chance!

Il imprimait alors un rapide mouvement de rotation à sa machine, qui se mettait à tourner avec un bruit de crécelle. Un garçon d'une vingtaine d'années s'avança et plaça dix sous sur le rouge. Il gagna.

— Carreau rouge, trèfle noir... Ma cousine est arrivée[2]. Venez faire fortune! clama l'homme.

Le joueur avait laissé son argent sur le rouge. Il gagna encore. La roue continua de tourner, et le sort de favoriser l'audacieux. Autour de lui, les yeux luisaient d'envie. Il

---

1. *Miroir aux alouettes*: leurre, piège, attrape-nigaud.
2. Phrase rituelle, rengaine visant à créer de l'entrain.

était devenu le point de mire de tous les regards. Le démon du jeu harcelait les spectateurs. Plusieurs tâtaient les pièces de trente sous au fond de leur gousset avec un désir fou de les placer sur le tableau. Le joueur heureux mit une poignée de pièces blanches dans sa poche et s'éloigna en sifflant.

La Scouine tenait à la main son mouchoir dans un coin duquel était nouée quelque monnaie. Le propriétaire de la roue, qui voyait s'envoler ses derniers dollars, faisait piteuse mine. Il ne cessait cependant de crier :

— Pique noir, carreau rouge. Ma cousine est arrivée. Venez tous faire fortune comme monsieur. Allons, venez essayer votre chance ! Tout le monde peut jouer ici et tout le monde peut gagner...

La Scouine n'y tint plus.

— J'ai envie de mettre dix cents, glissa-t-elle à l'oreille de Charlot.

Et sans attendre de réponse, elle mit sa pièce sur le rouge. Tout de suite, cependant, elle aurait voulu la reprendre. Elle l'aurait fait sans tous ces regards braqués sur elle. La roue recommença de tourner pendant que le cœur de la Scouine tonnait avec fracas dans sa poitrine. Elle éprouvait des picotements de feu à la plante des pieds et un grand bourdonnement aux tempes. Peu à peu l'allure de la roue se modéra. Les yeux de la Scouine luisaient comme des feux follets, dévoraient la table.

— Noir gagne ! cria l'homme en ramenant à lui la pièce de dix sous, lorsque la roue se fut arrêtée sur un pique.

La Scouine s'éloigna à la hâte avec le sentiment qu'elle était la victime d'une grande injustice, cependant que lui arrivait aux oreilles, comme une moquerie, le sempiternel et trompeur boniment :

— Pique noir, carreau rouge. Ma cousine est arrivée. Venez tous faire fortune...

Charlot et la Scouine se trouvèrent tout à coup devant une toile tendue verticalement comme un mur. Au centre, bordé de tavelle[1] rouge, était un trou dans lequel passait une tête horriblement charbonnée et qui faisait toutes sortes de hideuses grimaces. Un compère invitait les passants à s'arrêter.

— Seulement que cinq sous pour trois balles. Si vous frappez le nègre, vous aurez un cigare; deux fois, deux cigares; trois fois, trente sous. Allons, approchez, mesdames et messieurs, seulement que cinq sous pour trois balles.

La rage de la Scouine déborda:

— Je vas vous donner dix sous pour i envoyer ane roche, hurla-t-elle, hors d'elle-même.

Le pauvre diable qui jouait le rôle du nègre lui jeta un regard venimeux.

Se sentant un peu fatigués, Charlot et la Scouine allèrent s'asseoir sur le bord d'un fossé. Une famille de cinq à six personnes vint bientôt s'installer à côté d'eux, et chacun se mit à dévorer en silence des sandwiches au jambon. À quelques pas, les gens riches prenaient, sur des tables formées de longues planches posées sur des chevalets, un lunch de bœuf, de pommes de terre, de pain et de café. Cette extravagance coûtait trente sous.

— C'est un voleur, déclara la Scouine qui ne pouvait oublier sa mésaventure de la roulette. On devrait refuser à ces gens-là l'entrée sur le terrain.

---

1. *Tavelle*: coton ou laine qui sert habituellement à border les robes.

XXII

Ils repartirent vers les six heures. La fête était presque finie et tout le monde s'en allait. Devant l'hôtel du village, la rue était complètement bouchée par la foule et toutes les voitures se trouvaient arrêtées. Impossible de se frayer un chemin à travers cette masse humaine. C'était à croire que l'auberge allait être prise d'assaut. Les nouveaux arrivants repoussaient les autres et se faisaient eux-mêmes bousculer à leur tour. On parlait sans se comprendre. Des ivrognes titubaient. Les conducteurs faisaient de vains efforts pour avancer; ils fouettaient leurs chevaux sans cependant réussir à se faire un passage. Finalement, après un arrêt de vingt minutes, la circulation se rétablit. Charlot suivait à la file. Des gens causaient d'une voiture à l'autre, avant de se séparer. Frem et Frasie Quarante-Sous venaient en avant de la Scouine et de Charlot. Droits et raides comme toujours sur leur siège, ils ressemblaient à des automates.

À l'entrée du village, une petite maison basse, d'aspect misérable, écrasée sur elle-même comme un vieillard centenaire, et précédée d'un étroit jardin planté de tabac, ouvrait toutes grandes ses fenêtres. Bien qu'il fut encore très à bonne heure, des jeunes gens dansaient avec entrain aux sons d'un accordéon époumoné. Le spectacle sentait la crapule et le vice. Frem Quarante-Sous se retourna dans sa voiture :

— Ça danse comme ça tous les soirs, dit-il à Charlot. Ils sont là quatre garçons, et il n'y en a pas un seul qui travaille. Il y a un puits et une pompe devant la porte, mais on boit plus de whiskey que d'eau.

La Scouine trouva là tout de suite un prétexte pour aller voir le vicaire le dimanche suivant. Elle pourrait lui dénoncer ces désordres.

À ce moment, un couple en boghei croisa la longue théorie de voitures qui s'en revenaient du concours agricole. L'homme, une jeunesse de vingt ans, absolument ivre, était courbé en deux, la tête enfouie entre les genoux de sa compagne.

— Le cochon ! s'exclama la Scouine, qui souhaita d'être rendue au dimanche pour entretenir le vicaire de cet autre scandale.

À un carrefour, les voitures se séparèrent, prirent des routes différentes, se distancèrent. Les chevaux de Frem Quarante-Sous et de Charlot conservèrent seuls leur même allure. Ils allaient sur la route tranquille de leur petit trot uniforme des jours de dimanche. L'on traversa la Pointe aux Puces, le rang des Voleurs, puis celui des Picotés.

C'était là une région de tourbe. Les roues enfonçaient dans la terre brune et les chevaux se mirent au pas. On respirait une odeur âcre de roussi, de brûlé. Un silence et une tristesse sans nom planaient sur cette campagne. Tout attestait la pauvreté, une pauvreté affreuse dont on ne saurait se faire une idée. C'était un dicton populaire que les Picotés avaient plus d'hypothèques que de récoltes sur leurs terres.

La route était bordée par un champ d'avoine clairsemée, à tige rouillée, qui ne pouvait être utilisée que comme fourrage. Les épis ne contenaient que de la balle[1], et la paille d'un demi-arpent aurait à peine suffi à remplir les

---

1. *Balle*: enveloppe des graines de céréales.

paillasses sur lesquelles le fermier et sa marmaille dormaient le soir.

Un homme à barbe inculte, la figure mangée par la petite vérole, fauchait, pieds nus, la maigre récolte. Il portait une chemise de coton et était coiffé d'un méchant chapeau de paille.

Les longues journées de labeur et la fatalité l'avaient courbé, et il se déhanchait à chaque effort. Son andain[1] fini, il s'arrêta pour aiguiser sa faux et jeta un regard indifférent sur les promeneurs qui passaient. La pierre crissa sinistrement sur l'acier. Dans la main du travailleur, elle voltigeait rapidement d'un côté à l'autre de la lame. Le froid grincement ressemblait à une plainte douloureuse et jamais entendue...

C'était la Complainte de la Faux, une chanson qui disait le rude travail de tous les jours, les continuelles privations, les soucis pour conserver la terre ingrate, l'avenir incertain, la vieillesse lamentable, une vie de bête de somme ; puis la fin, la mort, pauvre et nu comme en naissant, et le même lot de misères laissé en héritage aux enfants sortis de son sang, qui perpétueront la race des éternels exploités de la glèbe.

La pierre crissa plus douloureusement, et ce fut dans le soir, comme le cri d'une longue agonie.

L'homme se remit à la besogne, se déhanchant davantage.

Des sauterelles aux longues pattes dansaient sur la route, comme pour se moquer des efforts du paysan.

Plus loin, une pièce de sarrasin récolté mettait sur le sol comme une grande nappe rouge, sanglante.

---

1. *Andain*: ligne de foin séché.

Les deux voitures passèrent à côté de quelques sillons de pommes de terre où des enfants grêlés par la picote recueillaient le repas du soir.

Après, s'étendait une région inculte, couverte d'herbes sauvages et de jeunes bouleaux. Par intervalles, de larges tranchées avaient été creusées jusqu'à la terre arable et la tourbe, taillée en blocs cubiques, mise en piles, pour sécher. L'un de ces blocs attaché au bout d'une longue perche dominait le paysage comme un sceptre, et servait d'enseigne.

La tourbe, combustible économique, était assez en vogue chez les pauvres gens.

Les feux que les fermiers allumaient régulièrement chaque printemps avant les semailles, et chaque automne après les travaux, avaient laissé çà et là de grandes taches grises semblables à des plaies, et la terre paraissait comme rongée par un cancer, la lèpre, ou quelque maladie honteuse et implacable.

À de certains endroits, les clôtures avaient été consumées et des pieux calcinés dressaient leur ombre noire dans la plaine, comme une longue procession de moines.

Charlot et la Scouine arrivèrent enfin chez eux, et affamés, ils soupèrent voracement de pain sur et amer, marqué d'une croix.

XXIII

Caroline, celle des bessonnes mariée à Tit Toine St-Onge, suivit la loi commune. Elle travailla aux champs avec son mari et éleva une famille. Comme sa mère, elle eut trois garçons et deux filles. Le matin, elle attachait les plus jeunes au pied de sa couchette et amenait les aînés avec elle, afin d'aider à la besogne.

Brusquement, elle fut prise de consomption galopante[1]. Mâço et la Scouine vinrent la voir. Elle était au plus mal. Son mari devenant veuf se remarierait pour sûr, et cette idée d'une belle-mère pour ses enfants la tourmentait, l'obsédait.

— Si je meurs, mangez toutes les confitures, leur recommanda-t-elle, un après-midi qu'ils entouraient son lit.

Elle mourut deux jours plus tard.

Pendant une semaine, la Scouine eut charge de la maison. Comme les petits pleuraient, elle les conduisit dans la chambre mortuaire, et leur montrant dans la bière la forme maintenant immobile de celle qu'ils avaient appelé maman :

— Si vous n'êtes pas sages, votre mère viendra vous tirer les orteils la nuit, affirma-t-elle.

Terrifiés par cette menace, les orphelins se tinrent cois, pleurant silencieusement, craignant que celle qui les avait aimés ne leur fît du mal. Comme un hôte malfaisant qui se glisse sous un toit, la peur était entrée dans leur cerveau, y battait la charge, faisait des courses folles, fouettait ces jeunes êtres sans défense. Elle les harcelait la journée, et

---

1. *Consomption galopante* : tuberculose à évolution rapide.

le soir venu, ils n'osaient dormir. Infiniment malheureux, la solitude et les ténèbres les affolaient. Leurs pieds nus effleuraient nerveusement le plancher et dans leur couche, ils se recroquevillaient, se serraient en rond les uns contre les autres dans une attente angoissante. Épouvantés, ils ne pouvaient fermer les yeux et soudain, éclataient en sanglots.

St-Onge, le veuf, fit dignement les choses. Il commanda des funérailles de première classe et retint le corbillard à deux chevaux.

De retour à la maison, la Scouine s'empressait d'aller raconter à la mère Lecomte la pompe de la cérémonie.

— Un beau service, mame Lecomte, un charriot haut comme un voyage de foin.

Et elle accumulait les détails, s'animant, bavardant, gonflée d'orgueilleuse satisfaction. Et voilà qu'elle salivait, que ses grosses lèvres épaisses lançaient jusque dans la figure de la vieille femme de petits grains humides que celle-ci essuyait avec son tablier bleu. Toute glorieuse, la Scouine déclarait :

— M'sieu l'curé a dit qu'il avait jamais vu d'aussi beau cercueil dans son église, jamais vu d'aussi beau cercueil.

XXIV

Charlot, sur ses économies, avait prêté deux cents piastres à un fermier du rang du Quatre, avec intérêts payables à la Saint-Michel. Or, comme le samedi après cette fête, il n'avait pas encore reçu de nouvelles de l'emprunteur non plus que de son argent, il se résolut à aller voir son homme dès le lendemain, avec sa sœur, et à lui réclamer son dû. Les chemins étaient encore beaux et ce serait, supposait-il, une promenade plutôt agréable. Il songea à inviter Bagon le Coupeur. Depuis des années, ce dernier manifestait le désir de voir l'endroit où il était né, où son père et sa mère qu'il n'avait jamais connus, étaient morts l'année du grand choléra. C'était au rang du Trois, sur le parcours à suivre. Bagon accepta l'offre avec empressement. Il fut convenu que l'on partirait le dimanche après-midi. Le Coupeur arriva comme les Deschamps achevaient de prendre le dîner au pain sur et amer marqué d'une croix. On fut vite prêt. Comme le temps était incertain et qu'il pouvait pleuvoir, Charlot crut plus prudent de laisser son boghei sous la remise et de prendre la charrette. Il préféra en outre, vu que son cheval et celui du père avaient labouré la veille, et qu'il en aurait encore besoin le lendemain, d'atteler le poulain, suffisamment dompté. Charlot et Bagon s'installèrent sur le siège de devant et la Scouine sur celui de derrière. Le poulain partit au grand trot, mais au bout de trois arpents, il modéra son allure, et bientôt, Charlot fut obligé de l'aiguillonner. On fit environ une lieue, puis Charlot exaspéré de la lenteur paresseuse de son poulain, descendit se casser une hart[1]. En se sentant

---

1. *Hart*: branche dépouillée de ses feuilles et utilisée comme fouet.

toucher, l'animal reprit le trot. Juste à ce moment, l'une des roues que Charlot avait négligé de graisser, commença à crier. Ce ne fut d'abord qu'un léger grincement, court et sourd. Peu à peu, cependant, il s'accentua, grandit, devint aigu, tourna à une plainte monotone, sans fin, lugubre comme un hurlement de chien dans la nuit. C'était, semblait-il, un viol du silence. La voiture traversait une campagne morne et plate, indéfiniment. Des vols noirs de corneilles croassantes passaient au-dessus du feuillage jaune des arbres et allaient s'abattre sur les clôtures.

Ici et là, près d'un puits, se dressait la maigre silhouette d'une brimbale[1], en son infatigable geste d'appel. Dans les chaumes rouillés, paissaient de calmes troupeaux de bœufs. Des vaches tournaient la tête du côté de la charrette, regardant placidement de leurs yeux bons et doux. Parfois, un meuglement se faisait entendre. Les trois promeneurs avançaient silencieux entre les cenelliers gris, aux baies rouges, bordant la route. De temps à autre, Charlot lançait de sa voix aigre et pointue un :

— Avance din[2] ! Avance din ! à son poulain, accentuant le commandement d'un cinglement de sa hart.

Au rang du Trois, il consulta sa montre. Il y avait maintenant deux heures que l'on était parti. Bagon se mit à dire que la terre appartenant autrefois à ses parents longeait le chemin de ligne conduisant au rang du Quatre. Selon ce qu'on lui avait dit dans le temps, la maison était en bois et un grand verger de pommiers et de pruniers s'étendait à la gauche. En avant, étaient deux fortes talles[3] de lilas. En lui-même, Bagon s'imaginait une vieille maison blanche avec des contrevents verts. Maintenant qu'on approchait,

---

1. *Brimbale* : perche à bascule pour tirer l'eau d'un puits.
2. *Din* : donc.
3. *Talles* : massifs d'arbustes ou de plantes.

il regardait devant lui, cherchant à deviner, à reconnaître le toit paternel. On arrivait au chemin de ligne, mais il n'y avait aucune habitation, pas le moindre bâtiment. Les ruines d'un solage en pierre se voyaient encore, et des mauvaises herbes, des chardons, avaient poussé haut dans ce qui avait été la cave. Mais c'était là tout... Les pommiers et les pruniers étaient morts, disparus, et les lilas avaient depuis longtemps cessé de fleurir et d'embaumer. Seul, un grand frêne, dans les branches duquel s'apercevait un vieux nid de corbeaux, rappelait les anciens jours, les années écoulées. Et soudain, apparut à Bagon, dans une vision rapide, sombre comme un purgatoire, les mille misères endurées depuis son enfance... Tout lui revenait à cette heure en tableaux nets et distincts. Orphelin à deux ans, recueilli par des parents si éloignés qu'ils étaient pour ainsi dire des étrangers, des gens qui, pendant trois ans, l'avaient fait coucher sur la pierre froide et nue du foyer. Trois ans pendant lesquels il n'avait eu d'autre chose à manger que du pain dur et du lait écrémé, d'autre vêtement qu'une petite robe de coton...

Et la roue criait lamentablement, gémissait comme une âme en détresse, faisant entendre une plainte aiguë, sans fin, comme quelqu'un qui aurait eu une peine inconsolable.

Bagon se voyait tout jeune, condamné à faire des ouvrages trop durs pour son âge et ses forces. Mal nourri, mal vêtu, il était forcé de travailler quand même. Lorsqu'il avait eu la picote à deux ans, il avait passé deux mois avec la même chemise, sans personne pour s'occuper de lui, pour le soigner. La maladie lui avait coûté la perte d'un œil. S'il n'avait pas crevé alors, c'est que la mort évite les pauvres, les gueux, les mangeurs de misères... Et toute sa vie s'était écoulée semblable, presque la même, toujours. C'était donc ici qu'il était né, qu'il avait commencé son existence de paria, jeté sa première plainte. Le sort lui avait été contraire, injuste, impitoyable; son lot ne contenait que des peines.

Et lui, le déshérité, il était devenu le Coupeur, le châtreur des bêtes des champs. Et, de par son métier, il avait supprimé des milliers de vies possibles.

Et toujours la roue criait, gémissait, comme quelqu'un que l'on torture...

Et le frêne diminua, diminua, disparut.

Le poulain était décidément fatigué, presque épuisé. Il ne marchait plus qu'au pas, et à chaque maison, malgré les efforts de Charlot, faisait un écart devant la porte et s'arrêtait, pour signifier qu'il en avait assez. Les gens croyant voir arriver des visiteurs, s'avançaient jusqu'au bord du chemin, puis se mettaient à rire aux éclats. À coups de hart, Charlot faisait repartir le poulain, mais la roue chantait toujours sa complainte, signalant de loin les promeneurs à la curiosité des habitants. Charlot, Bagon et la Scouine entendaient sur leur passage des remarques railleuses, voyaient des figures qui avaient l'air de se moquer d'eux. À une ferme, Charlot se décida à demander de l'huile pour graisser sa roue. L'homme ne paraissait pas empressé. Il commanda tout de même à son fils d'aller chercher le biberon[1] à la grange. En attendant, Charlot s'informa de l'endroit précis où demeurait son débiteur. Il ne fut pas peu étonné d'apprendre qu'il s'était trompé de chemin et qu'il était encore à trois quarts d'heure de marche de sa destination. Lorsque le jeune garçon fut revenu, on constata que l'essieu de la charrette était brûlant.

---

1. *Biberon*: récipient muni d'un long bec verseur en forme de tube.

— Il avait un fameux besoin d'être graissé. Merci ben des fois, dit Charlot en remontant en voiture.

Ironique, l'homme se tourna du côté de son fils :

— I en faut ben des marcis pour faire ane piasse.

Les trois promeneurs entendirent. La Scouine rougit un peu, Bagon tira une plus forte bouffée de sa pipe de plâtre, et Charlot flanqua un coup de hart à son cheval. Il était quatre heures lorsqu'ils arrivèrent enfin au terme de leur voyage. Personne ne vint ouvrir après que Charlot eut frappé à la porte, mais un garçon d'une douzaine d'années apparut, venant du côté des dépendances. Aux questions de Charlot, il répondit que son père et sa mère étaient partis le matin pour aller se promener chez son pépère et qu'ils ne reviendraient que le soir, tard. Ce fut pour Charlot un rude désappointement. Il ne fallait pas songer à attendre si longtemps, mais il était nécessaire de laisser reposer un peu le poulain épuisé.

Le retour s'effectua en silence et au pas. Charlot et ses compagnons paraissaient bourrus et de mauvaise humeur. Ils avaient encore dans l'oreille le grincement de la roue et les éclats de rire des gamins à leur passage. Chacun revenait désappointé, déçu. Charlot craignait maintenant pour son argent. Avec cela, la faim se faisait sentir. Bagon disait qu'il avait la falle basse[1]. Il était onze heures du soir lorsque les promeneurs arrivèrent enfin chez eux. Avant de s'aller coucher, le frère et la sœur mangèrent avec une couenne de lard quelques tranches de pain sur et amer, marqué d'une croix.

---

1. *Falle basse* : air épuisé, abattu et tenaillé par la faim.

XXV

La Scouine avait chaque printemps la charge de prendre soin des veaux. C'était une tâche qui lui convenait parfaitement, et elle s'en acquittait non sans compétence. Matin et soir, suivant leur âge, elle leur donnait du lait chaud, du lait écrémé ou simplement du thé de foin[1]. Lorsqu'elle apparaissait le matin à la barrière de l'enclos, la bande s'élançait vers elle, les plus forts chargeant les plus faibles. Ils l'entouraient, la pressaient. Les plus vigoureux plongeaient la tête dans la chaudière, l'enfonçaient à moitié dans le liquide blanc et tiède, buvant avidement. Les autres meuglaient très haut, donnaient des coups de tête, tournaient autour du baquet, attendant impatiemment leur tour. Paulima, une hart à la main, était obligée de les écarter pour les empêcher de renverser le vaisseau. Après s'être abreuvés, les veaux, la tête toute humide de lait, se tétaient longuement les oreilles, immobiles près de la clôture. D'autres se frottaient le museau contre les jambes de la Scouine, s'essuyant le mufle sur sa jupe. Partait-elle, tous l'accompagnaient, la poursuivaient, se collant à elle et meuglant plus fort. Pour les écarter un peu, s'en débarrasser, elle était obligée de les frapper. Entrebâillant alors brusquement la barrière, elle passait de l'autre côté, et mettait cet obstacle entre elle et les veaux. C'était alors pendant plusieurs minutes un formidable concert de meuglements. Avec les tout jeunes veaux cependant, les choses ne se passaient pas tout à fait ainsi. Ils refusaient de boire à même le seau. La Scouine avait beau leur enfoncer la tête dans la

---

1. *Thé de foin*: tisane à base de graminées, comme l'avoine, le blé, l'orge, le seigle, le chiendent, etc.

chaudière, ils renâclaient bruyamment comme s'ils se fussent noyés, et il se produisait un bouillonnement, des bulles à la surface. Le cou raide, le veau résistait. S'il refusait absolument de boire, la Scouine se mettait la main dans le lait, et donnait ses doigts à téter à l'animal. Le stratagème était sûr de réussir. Dans la bonne senteur de l'herbe verte et du sarrasin en fleurs, la Scouine éprouvait une singulière volupté à sentir la langue râpeuse lui lécher la main et les doigts.

S'ils tombaient malades, elle savait les soigner, leur donnant du thé de foin ferré[1] pour la colique.

Le dimanche, Frem et Frasie Quarante-Sous toujours droits et immobiles comme des statues, sur le siège de leur boghei, et les autres gens se rendant à l'église, la voyaient en jupe d'étoffe bleue et en mantelet brun, donnant à boire à ses veaux. Lorsqu'ils étaient bien saouls, ils se couchaient et dormaient au soleil.

Chaque printemps, la Scouine en adoptait un particulièrement, et l'entourait de mille soins. Peu à peu, elle venait à l'aimer autant qu'un de ses frères, mieux même, finissait par éprouver pour lui une sollicitude presque maternelle.

Chaque printemps aussi, le Coupeur passait.

Il parcourait les routes, arrêtant de maison en maison, et s'informant s'il n'y avait pas de bêtes à châtrer. L'homme allait par la campagne avec un sac en cuir renfermant des bois[2] et son couteau à manche de corne blanc, à la lame presque usée, mais aussi tranchante que celle d'un rasoir.

---

1. *Ferré*: qui contient du fer.
2. *Bois*: pièces de bois que l'on plaçait sur les canaux séminifères des animaux à châtrer.

Bagon était en quelque sorte le coupeur officiel de la paroisse. Depuis vingt-cinq ans au moins qu'il s'était fixé dans cette place, il châtrait, châtrait, sans remords, détruisant l'œuvre de la nature avec la sérénité que procure une besogne qui rapporte.

La Scouine était à balayer son devant de porte, lorsque Bagon fit son apparition un avant-midi de mai. Il portait son sac de cuir en bandoulière. En arrivant, il se dirigea vers Deschamps occupé à appointir[1] des piquets. Les deux hommes causèrent un moment puis le père commanda à Charlot qui vernaillait[2] par là, d'aller chercher les taurailles[3]. Celui-ci siffla son chien Gritou et partit. Il revint au bout d'une dizaine de minutes, chassant devant lui huit ou neuf têtes de bétail parmi lesquelles un superbe veau entièrement noir. Ç'avait été le préféré de la Scouine la saison dernière, et il était reconnu pour être le plus beau des animaux de son âge dans tout le rang. Charlot fit passer les bêtes dans la cour, puis sur l'ordre de son père, fit entrer le jeune taureau dans l'étable. L'animal alla se placer à sa stalle accoutumée, mais Charlot l'en fit sortir, et l'attacha à la première place, près de la porte. Il jeta ensuite une petite poignée de sel dans l'auge devant lui, et le veau safrement[4], s'attaqua à cette friandise à grands coups de langue.

La Scouine inquiète apparut pour voir ce qui se passait, mais Deschamps lui ordonna de rentrer à la maison. En compagnie du Coupeur, il pénétra dans le bâtiment. Bagon ouvrit son sac, et en retira les bois, puis son couteau, dont il essaya la lame sur son pouce, par une vieille habitude.

---

1. *Appointir*: déformation du verbe « appointer » signifiant « tailler en pointe ».
2. *Vernaillait*: flânait, rôdait, errait au hasard.
3. *Taurailles*: jeunes bœufs et génisses.
4. *Safrement*: goulûment, gloutonnement.

Une corde en nœud coulant fut attachée à l'une des pattes d'arrière du bœuf et Charlot fut chargé de tenir l'autre bout en tirant, afin de l'immobiliser. Le Coupeur s'approcha de l'animal, lui donna en manière de caresse un tape sur la croupe, puis saisissant la pochette brune et velue, il la pressa, faisant saillir les couilles. Brusquement, d'un coup sec, son couteau fendit la peau et une boule de chair rouge apparut. D'un autre coup, Bagon la détacha, et la lança sur le tas de fumier à dix pas. Un autre geste, et une autre boule sanguinolente sortit de sa cosse, alla rejoindre la première.

— Les bois! cria Bagon.

Deschamps qui se tenait là, les passa rapidement. Bagon comprima la lèvre des deux plaies qu'il venait de faire, et ficela les bois.

L'animal mutilé fut détaché, poussé dehors. Il se mit à brouter l'herbe avec hébétude, marchant péniblement.

Sur le tas de fumier, le chien dévorait la chair fraîche.

Et la Scouine qui, de la fenêtre de la cuisine avait suivi l'opération, éprouvait l'impression d'avoir vu s'accomplir un meurtre.

XXVI

Coiffée d'une cuve qui lui protégeait la tête, les épaules et les bras, le corps penché en avant, la Scouine courait sous l'averse. Elle s'en allait rapporter à Marie Charrue, femme de Tofile Lambert, le baquet emprunté la semaine précédente. L'eau lui ruisselait sur les jambes et elle pataugeait dans la boue sur la route tortueuse. Assis sur un tas de copeaux, sous la remise, Piguin et le Schno, les deux idiots, frères de Tofile, regardaient silencieux tomber la pluie. À trois pas d'eux, une poule noire abritait sa couvée. Toujours courant, la Scouine pénétra sous l'appentis. Piguin lui fit une grimace et le Schno la pinça sournoisement comme elle passait près de lui. La Scouine laissa tomber sa cuve, frappa à l'huis et entra.

Un moment après, le Schno se leva, et allant chercher une poignée de sarrasin dans un sac tout près, le lança sur le sol, à côté de la poule. Celle-ci accourut en gloussant, et se mit à becqueter vivement les grains épars. Les poussins l'imitèrent. Alors, le Schno, s'emparant d'une fourche d'acier, et s'en servant comme d'un dard, embrocha l'une des petites bêtes, puis une deuxième et une troisième. Les ailes écartées, la mère s'élança vers le fou. Piguin amusé, riait. Soudain, la porte de la maison s'ouvrit, et le Schno reçut dans les reins un violent coup de pied qui l'étendit contre terre. C'était Tofile, l'aîné qui intervenait.

— Sacré brute, jura-t-il, je vais t'apprendre à tuer mes poulets.

Et il se rua sur son frère renversé, lui envoyant un nouveau coup à la figure. Le Schno se releva la bouche sanglante et se précipita hors du bâtiment, sous la pluie. Piguin regardait Tofile d'un air épouvanté.

— Et toi, reprit ce dernier encore furieux, en s'adressant à l'autre fou, pourquoi le laissais-tu faire ? Vous êtes deux misérables et vous vous passerez de souper, ce soir. Tu ne mangeras pas, tu entends ?

Piguin se mit à trembler.

— Tiens, reprit Tofile qui ne dérageait pas, vous allez aller creuser le fossé à côté.

L'idiot hésita un moment, ne comprenant pas.

— Prends la bêche et marche faire le fossé, hurla Tofile.

Piguin prit l'instrument qu'on lui désignait et s'éloigna. Tofile rentra alors.

Piguin et le Schno se tenaient là tous les deux au bord du chemin, pénétrés par la pluie qui tombait à torrents. Et le Schno saignait toujours à la bouche et portait maintenant une marque bleue à la jambe.

La pluie cessa et le soleil reparut ardent. Lourde, accablante, était l'atmosphère.

Tofile sortit de sa maison, une vieille masure faite de poutres dont les interstices étaient remplis avec de la bouse de vache au lieu de mortier. Il jeta un coup d'œil du côté de la route et aperçut ses deux frères immobiles. Il ramassa un bâton et en quelques pas, les rejoignit.

— Ah ! c'est comme ça que vous creusez le fossé, paresseux ! Je vais vous apprendre à travailler et plus vite que ça.

En apercevant venir leur aîné, les deux fous s'étaient mis à l'ouvrage. Tofile, toutefois, leur lança en arrivant quatre à cinq coups sur les épaules et les jambes, comme il eût fait à une vieille bourrique.

Piguin et le Schno se mirent à bêcher avec ardeur. Cependant le soleil de feu les accablait et la sueur ruisselait sur leur lamentable figure de fous martyrisés. Debout, à quelques pas d'eux, Tofile les surveillait.

— Mais dépêchez-vous donc, leur cria-t-il.

Les pieds nus écorchés saignaient en appuyant sur le fer de la bêche, mais les deux malheureux aiguillonnés par la peur du bâton creusaient avec acharnement.

Pendant longtemps, Tofile les regarda peiner sous le soleil de flamme puis partit en leur criant :

— Vous savez, il faut que vous ayez fini ce soir.

Terrorisés par ses menaces, les fous n'osaient se reposer un instant. Mal nourris, ils tombaient de fatigue et d'épuisement. Par moment, ils se regardaient une seconde sans parler, sales et boueux, d'aspect pitoyable, et plus misérables que des bêtes de somme.

Le Schno avait enlevé son chapeau et le soleil cuisait son crâne prématurément chauve. Il bêchait, bêchait sans cesse, courbé sur son éreintante tâche. Il avait maintenant la figure rouge comme une tomate et travaillait plus difficilement. En dépit cependant des efforts des deux fous, la besogne n'allait pas vite. Un homme passa sur la route. C'était Bagon le Coupeur. Il jeta un coup d'œil sur les deux idiots et voyant le Schno la figure écarlate :

— T'es ben rouge, dit-il. Prends garde d'attraper un coup de soleil. Mets ton chapeau.

Le Schno regarda le passant un moment, puis sans répondre, continua sa besogne.

Vers les sept heures, Marie Charrue parut sur le perron et appelant le Schno, lui ordonna d'aller chercher les vaches. Le fou partit avec sa bêche et s'éloigna au champ, ses pieds nus laissant une empreinte sanglante dans la boue.

À son retour, pendant que Marie Charrue trayait ses bêtes, à côté de la maison, le Schno s'en alla à la grange et s'affaissa sur un tas de foin. Il resta là une demi-heure immobile, comme s'il eut dormi, puis il se retourna et se mit à pousser de longs gémissements étouffés.

L'heure du souper était arrivée et Piguin que son rude travail avait affamé, se hasarda à pénétrer dans la maison. Deux bols de soupe et la moitié d'un pain étaient sur la table. Des pommes de terre fumaient dans le chaudron sur le poêle. Marie Charrue était à couler dans des plats en fer-blanc le lait de ses trois vaches. Tofile assis sur une chaise fumait lentement sa pipe. Piguin jeta un coup d'œil sur les victuailles, et Tofile qui vit son regard, lui dit en ricanant :

— Ah ! tu tires la langue. Tu as donc faim. Eh bien, tu auras plus d'appétit demain au déjeuner. En attendant, tu peux aller te coucher.

Le fou renifla l'odeur de la soupe et resta debout, immobile, mais lorsqu'il vit son frère se lever avec un air menaçant, il s'enfuit, et d'un bond, se trouva dehors. Il resta quelques instants en face de la petite fenêtre basse, regardant à l'intérieur de la maison, puis se mit à rôder autour de la misérable baraque, la faim lui torturant les entrailles. Il finit par traverser le chemin et se rendit à la grange. Las, épuisé, il s'adossa à la bâtisse en ruines, songeant à des choses vagues, confuses. Au bout d'un certain temps, il se leva, prit la bêche que le Schno avait déposée là une couple d'heures auparavant et s'éloigna. Après avoir fait deux cents pas environ, il rencontra les corps de deux petits cochons morts en naissant, il y avait deux jours. À grands coups de bêche, Piguin tailla dans l'un des cadavres. Il s'assit ensuite par terre et se mit à dévorer à belles dents cette charogne immonde, mêlée de boue.

Après avoir de la sorte quelque peu apaisé son appétit, il gagna encore du côté du champ jusqu'au pacage des vaches. Celles-ci étaient couchées. Il en fit lever une, puis se mettant à genoux, il prit l'un des pis et le pressant, but avidement le filet de lait chaud. Cependant, comme il n'y avait que peu de temps que la bête avait été traite, la source fut vite tarie. Son repas terminé, Piguin retourna à la grange où il trouva son frère râlant sur le foin. Piguin regarda ce camarade de souffrance et une expression de surprise parut sur sa figure de l'entendre se plaindre ainsi. Il se coucha toutefois lui aussi sur le foin et s'endormit.

En allant pour éveiller les deux fous le lendemain, Tofile aperçut le Schno qui se plaignait toujours. Il voulut le faire lever, mais ce dernier ne put réussir à se mettre sur ses jambes. Tofile le voyant malade le laissa là et alla à sa besogne avec Piguin.

Le Schno continua de gémir et mourut dans l'avant-midi, comme une vieille rosse fourbue. L'insolation dont il avait été frappé la veille l'avait tué.

Il était maintenant là immobile dans la grange, sale, boueux, le corps en demi-cercle. Tofile le trouva mort le midi et s'étonna.

— I a ben crevé, le bougre, dit-il.

Il annonça la nouvelle à sa femme qui remarqua :

— En v'la un bon débarras.

XXVII

Deux tombereaux se rencontrèrent, un vendredi matin, sur la route boueuse où les roues laissaient une profonde empreinte dans la glaise détrempée.

Bagon le Coupeur, assis sur le devant de sa voiture, ses petites jambes pendantes, conduisait au champ voisin une charge de fumier, et Tofile s'en allait au cimetière enterrer le Schno.

La terre allait être engraissée.

Le chien Pitou, d'un air résigné, suivait.

Le Coupeur, plus laid et plus pitoyable que jamais, courbait la tête sous la pluie grise et fine qui faisait ruisseler les branches noires des frênes. Assis sur son fumier, il faisait songer au patriarche Job.

Lentement, sous l'ondée, les deux voitures se croisèrent, et Bagon le Coupeur jeta en passant un long regard sur la bière[1] que Tofile avait lui-même fabriquée la veille avec une vieille porte de grange hors d'usage.

Sans parents et sans amis, comme dans la vie, sans autre suite qu'un pauvre chien maigre et affamé, le Schno s'en allait à sa dernière demeure. À travers les interstices des planches vermoulues, ses pieds nus, à la dure écorce, aux ongles crochus, apparaissaient.

La Scouine, qui revenait de traire ses vaches, vit passer le tombereau emportant le cadavre du fou et elle éprouva un sentiment de rancune satisfaite. Ragaillardie, elle reprit

---

1. *Bière*: cercueil.

avec une nouvelle vigueur les deux chaudières débordantes de lait, qu'elle avait un moment déposées sur le sol.

Le vent, dans les champs de blé d'Inde, jouait des marches funèbres.

Arrivé à l'église, Tofile attacha son cheval à la porte du cimetière et pénétra dans l'enceinte réservée aux morts. C'était un terrain bas, à fond de glaise, impossible à égoutter. L'eau s'infiltrait lentement dans le sol, pourrissant les cercueils en quelques mois et faisant de la chair humaine une sorte de bouillie fangeuse et infecte. L'enclos était une sorte de bassin sale et mal tenu, sentant l'abandon et l'oubli. Les dernières pluies avaient produit de larges mares qui noyaient les trépassés.

Tofile avait allumé sa pipe et il allait à travers les marbres penchés, les monuments en fer rongés par la rouille et les planches de bois aux inscriptions effacées, recouvertes de mousse. Il s'arrêta à l'endroit qui lui avait été assigné, enleva son veston qu'il accrocha à une croix manchote et se mit en devoir de creuser la fosse de son frère. La bêche, sous la pression du pied, s'enfonçait aisément et Tofile, tout en tirant des bouffées de sa pipe, rejetait de chaque côté de lui de grosses briques de terreau gras et luisant. Il travaillait posément et sans hâte comme il faisait toute chose d'ailleurs. L'eau, maintenant, envahissait lentement la fosse et Tofile en avait par-dessus la cheville du pied. Lorsqu'il eut atteint la profondeur voulue, il planta là sa bêche et retourna à sa voiture. D'un effort, comme il eût fait d'un sac d'avoine, il chargea le cercueil sur son épaule et le porta à la tombe qu'il venait de creuser. Il le glissa dans le trou béant. L'eau rejaillit, inondant le fossoyeur d'occasion.

Tofile lança un juron ignoble.

Ce fut là son adieu à son frère.

La terre eut bientôt comblé la fosse et Tofile et Pitou reprirent le chemin de la vieille maison, où les attendait, l'un le jeûne éternel et les coups, l'autre le pain amer et gélatineux du déjeuner.

XXVIII

La Scouine avait besoin de bottines. Un dimanche après-midi de février donc, se rendant à la messe avec Charlot, elle arrêta chez Maxime Thouin, cordonnier au canal. Établi là depuis trois mois, Thouin avait loué une vieille maison en bois, très basse, accroupie sur le roc. Une moitié lui servait de logis et l'autre de boutique. Cloué à un piquet, un bout de planche taillé en forme de botte, peint en noir, jouait le rôle d'enseigne.

Quatre ou cinq figures barbouillées d'enfants et une tête de femme dépeignée apparurent aux carreaux salis de la fenêtre lorsque la voiture s'arrêta devant la porte. Des os, des pelures de légumes, des détritus de toutes sortes, jonchaient les abords du perron. Débraillé, en manches de chemises, le pantalon troué au genou et retenu par une courroie en cuir, une longue moustache noire pendante, l'homme vint ouvrir. Il parlait lentement, comme si chaque parole lui eût coûté un pénible effort. Quelques outils et des formes traînaient ici et là dans la pièce vide d'ameublement, sauf un banc. Une atmosphère de paresse et de misère pesait lourdement sur cette échoppe. Thouin prit la mesure et promit les chaussures pour le dimanche suivant.

— J'sus pas chérant. Apportez-moi deux poches de patates, et j'vous donnerai une bonne paire de bottines, déclara-t-il.

Ces conditions satisfirent la Scouine.

Une semaine plus tard, ainsi qu'il avait été convenu, elle apportait les sacs de pommes de terre à Thouin.

Celui-ci les reçut, mais s'excusa de ne pouvoir livrer les bottines.

— J'ai été malade, très malade, dit-il. Il m'a été impossible de travailler. Repassez dimanche prochain.

Huit jours après, la Scouine revint chez le savetier.

— C'est un sort, fit-il. J'attendais du cuir, et je ne l'ai pas reçu. Ce sera pour la semaine prochaine sans faute.

Au temps fixé, la Scouine se présenta chez le cordonnier.

— Je joue de malheur, se lamenta-t-il. J'ai attendu mon cuir chaque jour et je ne l'ai pas encore eu. Il doit arriver lundi, et samedi vos bottines seront prêtes. Je vous les promets.

Une fois de plus, la Scouine retourna au canal.

— Ça me fait bien de la peine, mais j'ai pas pu finir vos chaussures. J'ai eu beaucoup d'ouvrage pressant et je n'ai pu les terminer, expliqua Thouin. Revenez dimanche.

La Scouine revint.

— Elles ne sont pas encore tout à fait finies, mais je les achève. Je les achève, vous savez. J'en ai encore pour une couple d'heures seulement. Ce sera pour betôt.

De nouveau, la Scouine reparut chez Thouin.

— Ah çà, c'est de la malchance. Imaginez-vous que j'ai dû servir de témoin dans une cause, et je n'ai pu travailler. Je voulais les finir hier soir, mais j'étais trop fatigué.

Repassa la Scouine.

— Oh, ma pauvre dame, mon mari a été malade toute la semaine, gémit la femme de Thouin, lorsque la Scouine se présenta. Il a la maladie de foie et j'ai dû envoyer cri le docteur. Il est au lit depuis quatre jours.

Le printemps arriva et les bottines n'étaient pas encore terminées – ou commencées.

L'été et l'automne passèrent, et rien.

Puis, un beau jour, Thouin déménagea avec sa marmaille, et l'on n'en entendit plus jamais parler.

Ce ne sera pas avec les bottines de Thouin, que la Scouine sera ensevelie, s'en ira en terre.

XXIX

L a vie avait marché[1]. Autour de Deschamps des vieux étaient morts, d'autres tout gris et courbés étaient partis avec leurs meubles aussi usés qu'eux-mêmes pour aller vivre le restant de leurs jours au village, près de l'église. Des jeunes avaient abandonné la maison paternelle, s'étaient mariés, élevaient à leur tour une famille. Des enfants poussaient.

Depuis longtemps Raclor et Tifa étaient établis sur les terres que Deschamps avait achetées pour eux à côté de la sienne. Malheureusement, Tifa devenu veuf buvait, et son bien était grevé d'hypothèques. Bientôt, sonnerait l'heure où il lui faudrait partir. Régulièrement, il s'enivrait une couple de fois par mois. Il faisait alors des marchés désastreux, endossait pour des amis des billets qu'il était obligé de payer à leur échéance. Au lendemain de ces fêtes, Tifa montait dans son grenier, où à son retour des funérailles, il avait accroché les robes, les chapeaux et tout le linge de sa femme – de la défunte Rosalie – comme il avait coutume de dire. Là, au milieu de tous ces souvenirs du passé, il prenait la ferme résolution de ne plus toucher à un verre, mais seulement pour succomber à la première occasion.

Raclor, lui, avait une femme d'une dévotion outrée, qui lui faisait faire beaucoup de mauvais sang. Un jour de printemps, pendant les semailles, et alors que les travaux pressaient le plus, Raclor, parti de bonne heure au champ, était revenu pour atteler sur la charrue, mais à sa surprise, n'avait trouvé qu'un seul de ses chevaux. La bigote était partie en voiture avec l'autre pour aller assister à une messe

---

1. *La vie avait marché*: la vie avait suivi son cours.

en l'honneur de la bonne Sainte Anne. Elle n'était revenue que vers le milieu de l'après-midi et il avait dû l'attendre pour se mettre à labourer. D'un tempérament violent, il avait juré pendant presque tout ce temps, et à son arrivée, lui avait fait une scène terrible. Depuis, Malvina – c'était le nom de la femme de Raclor – ne prenait plus les chevaux pour aller à l'église, mais elle s'y rendait à pied, et Raclor était souvent obligé par suite, de préparer lui-même son dîner. Il entrait alors dans des rages épouvantables.

Jamais aucun parti ne s'était présenté pour la Scouine, et elle était maintenant une vieille fille.

Pour tuer le temps et pour tromper l'oisiveté, elle faisait tous les matins, pendant l'été, la toilette du devant de porte avec un balai en branches de bouleaux. Le reste du temps, elle regardait passer les rares voitures qui s'apercevaient sur la route, inventait des prétextes pour aller chez les voisins, répandait des commérages, des cancans. Elle colportait d'une place à l'autre, ce qu'elle avait vu et ce qu'elle avait imaginé.

Avec cela, la Scouine était devenue amoureuse de la soutane. Non d'un prêtre en particulier, mais du vêtement. Elle était attirée par l'habit religieux comme d'autres femmes sont séduites par l'uniforme militaire.

Le dimanche, elle forçait Charlot à partir plus à bonne heure pour la messe afin d'aller passer un moment au presbytère. Dans ce but et, pour qu'il fut prêt plus tôt, elle graissait[1] chaque samedi les chaussures de son frère, ce qui épargnait un peu de temps le dimanche matin.

Comme le curé n'était pas d'humeur commode, la Scouine se rabattait sur le vicaire. Quelquefois, le prêtre

---

1. *Graissait*: cirait.

se promenait sur la véranda, lisant son bréviaire, en attendant l'heure de l'office, mais il entrait dès qu'il apercevait la visiteuse, car il avait honte d'être vu avec elle, et il se cachait, se dérobait. Certains jours, la Scouine réussissait à l'accrocher. Elle lui racontait les histoires, les scandales qu'elle grossissait et aggravait invariablement. Pour finir, elle lui demandait une image, une médaille. En partant, en manière de bonjour, elle lui donnait familièrement une tape sur le bras, sur l'épaule. Chacune des visites de la Scouine était pour le malheureux une dure épreuve. Il ne pouvait réussir à s'en débarrasser.

Un jour, elle lui apporta un sac de noix. Le dimanche suivant, lorsqu'elle revint, le prêtre lui dit qu'il lui voulait lui causer une surprise, et il lui remit une boîte soigneusement ficelée en lui recommandant de ne l'ouvrir qu'à la maison. Elle contenait les écales des noix données la semaine précédente. Cela cependant n'était pas pour rebuter la vieille fille qui n'en continua pas moins ses visites au presbytère.

Le vicaire lui conseilla d'entrer dans la confrérie des Enfants de Marie[1]. Un mois plus tard, elle était admise. Ce fut là pour la Scouine une vive satisfaction et son rang social s'accrut de ce fait à ses yeux. Elle avait la conviction d'avoir acquis de l'importance. La Scouine s'acheta une robe en mérinos gris, et lorsque arriva le jour de l'examen à l'école du rang, elle se crut obligée d'y assister comme spectatrice avec les commissaires. L'occasion était belle pour étrenner sa nouvelle toilette. Elle la compléta par un grand tablier blanc et en attachant à son cou avec un ruban bleu, son insigne de congréganiste.

---

1. *Confrérie des Enfants de Marie*: regroupement de jeunes filles conviées à la pratique d'un catholicisme social basé sur la dévotion à la Vierge Marie.

Lorsque le curé allait porter l'extrême-onction à un malade du voisinage, la Scouine se faisait un devoir de s'y rendre également. De plus, elle allait veiller les morts. Une nuit même, s'étant endormie, elle avait scandalisé les autres par un bruit mal venu et très inconvenant.

Sa bigoterie augmentant, elle avait imaginé de dire le soir le chapelet en famille. L'été, après le souper au pain sur et amer marqué d'une croix, chacun se déchaussait, s'agenouillait au dehors sur la galerie. Les pieds moites, jamais lavés, à l'odeur infecte, séchaient pendant que la Scouine récitait les Ave Maria et que les voix chevrotantes, usées des autres, répondaient. Par les temps calmes, les voix suppliantes s'entendaient au loin.

Avec le temps, et dans le but de plaire au vicaire, d'avoir plus de prétextes de se rapprocher de lui, la Scouine était devenue zélatrice de la dévotion au Sacré-Cœur de Jésus[1]. Elle avait fait poser cette image au-dessus de la porte, et chaque mois, elle allait de maison en maison, collectant les souscriptions et délivrant le « Messager »[2].

Et les jours coulaient...

---

1. *Dévotion au Sacré-Cœur de Jésus*: très répandue au XIXe siècle, cette dévotion s'amplifia après l'arrivée des Sœurs du Sacré-Cœur de Jésus au Canada en 1842.
2. Paru tout d'abord sous le nom de *Messager du Cœur de Marie*, en France, ce mensuel fut « canadianisé » en 1872 par les Jésuites montréalais sous le nom de *Messager canadien du Sacré-Cœur de Jésus*.

XXX

Les rapports entre Raclor et sa famille entraient dans une phase critique. Au fond, le mal venait des commérages de la Scouine. C'était cela qui avait peu à peu envenimé la situation. Raclor était aigri et avait dans l'âme un violent désir de vengeance. Il s'ingéniait à trouver ce qu'il pourrait bien faire pour être désagréable à cette damnée Scouine. Or, un soir, comme il descendait du champ, il aperçut sa sœur en train de réparer la clôture à claire-voie du jardin. Elle était là, posant quelques planches avec de vieux clous, et tout de suite, Raclor eut une idée. Il tenait sa vengeance. Ce terrain lui appartenait. Jusque là, par bonté d'âme, il l'avait laissé à ses parents, mais il affirmerait ses droits.

La Scouine qui voyait venir son frère, fit semblant de ne pas l'apercevoir. Celui-ci passa, puis s'arrêtant brusquement :

— C'est pas la peine de te donner tant d'misère, déclara-t-il. Je m'en va tout ôter ça demain.

Certain de son effet, il s'éloigna sans tourner la tête. Stupéfaite, la Scouine resta un moment immobile, inquiète, comme si elle avait mal entendu ou mal compris la menace enfermée dans ces paroles. Puis, envahie par la fureur, sa figure prit une expression de haine. Rageusement, elle se mit à taper sur les têtes des clous. Et les coups de marteau résonnaient lugubrement, ainsi que des glas, dans le soir froid d'automne.

— Sainte Vierge ! s'exclama tout à coup la Scouine.

Maladroitement, elle venait de s'écraser un doigt, et sa colère s'accrut de sa douleur. Rentrée à la maison, elle

rapporta à sa mère occupée à mettre la table, les propos de
Raclor. Mâço baissa la tête sans répondre, et elle eut plus
fort que jamais le sentiment de l'injustice du sort. Ces
disputes entre ses enfants enfiellaient sa vieillesse. Triste-
ment, elle continua sa besogne, son goitre énorme, semblable à un pis de vache, ballant sur sa poitrine.

Le lendemain, Raclor étant allé vendre une charge de
pois, rencontra à l'entrée du village son frère Tifa qui,
depuis quelques semaines, faisait le métier de «déchar-
geux» de poches. Il avait un air abruti, un vieux chapeau
de feutre mou, tout bossué sur la tête, la chemise entrouverte sur la poitrine velue, et le pantalon de bouracan[1]
retenu par une large ceinture de cuir.

— As-tu besoin de quelqu'un pour t'aider?
demanda-t-il.

— Monte, répondit Raclor.

Tifa sauta dans la voiture, et les deux hommes com-
mencèrent à causer.

Une fois les pois livrés et son bon dans son gousset,
Raclor invita Tifa à prendre un coup. Celui-ci fut tellement
enchanté des égards de son aîné qu'au troisième verre de
whiskey, il acceptait avec empressement de le seconder
dans le projet dont il l'entretenait.

Vers les cinq heures de l'après-midi, la Scouine qui
avait fait le guet toute la journée, vit s'en venir Tifa et
Raclor. Celui-ci conduisait une paire de chevaux, et l'autre
portait une hache sur l'épaule. Ils approchaient. Arrivés
au pont de la décharge, ils traversèrent et s'arrêtèrent à côté
du jardin. La Scouine vit Raclor faire du bras un geste
désignant la clôture qu'elle avait rapiécée la veille. Sans

---

1. *Bouracan*: sorte d'étoffe très forte.

hésitation aucune, Tifa se mit à l'œuvre. De sa hache, il frappait à grands coups, déclouant les planches qui volaient en éclats.

Toute excitée en face de cet acte de vandalisme, la Scouine accourut dans la cuisine.

— I ravagent le jardin, s'exclama-t-elle; i détruisent tout. Charlot, va donc les empêcher.

Charlot se précipita en boitant et arriva sur la véranda suivi du vieux Deschamps et de Mâço.

— Arrête! arrête! cria Charlot du seuil de la porte.

Raclor regarda de ce côté et éclata de rire.

— Tifa, arrête! arrête! hurla de nouveau Charlot, les deux poings tendus vers son frère.

Tifa frappait à coups redoublés.

— Oh, Tifa! dit Mâço d'un ton de reproche.

— Veux-tu arrêter, ivrogne, bon-à-rien, clama une troisième fois Charlot en tapant du pied avec force.

Tifa s'arrêta en effet, puis s'élançant, traversa le chemin à la course. D'une poussée, il fit tourner la barrière du petit parterre qui grinça douloureusement sur ses gonds rouillés avec une plainte de blessée. En deux bonds, il gravit les degrés de l'escalier et dans un furieux accès de rage, se rua sur son frère.

— Maudit cassé! et il l'assomma d'un coup terrible.

Ce fut comme si le pain sur et amer, marqué d'une croix qu'il avait mangé et digéré pendant vingt-cinq ans, lui fut tout à coup remonté à la bouche. Il fut l'homme de sa nourriture, l'homme dont la chair, le sang, les os, les muscles, le cerveau, le cœur, étaient faits de pain sur et amer. Et le pain était comme le levain qui aurait fait germer dans cette pâte humaine, la haine, le crime, le meurtre.

Vomissant une litanie d'horribles blasphèmes, Tifa, le bras levé, s'avança sur son père.

Au-dessus de la porte, un Sacré-Cœur de Jésus écarlate, l'air bon, la figure douce et sereine contemplait ce spectacle.

Auprès du puits, la Rougette attendant d'être traite meuglait longuement en regardant du côté du groupe.

Tragique, menaçante, Mâço se jeta en avant de son mari.

— Touche pas à ton père.

Mais Tifa la bouscula, la rejeta en arrière, et la vieille femme alla heurter de la tête la façade de pierre. Brandissant un fer à repasser, la Scouine se porta à la rescousse, mais Tifa la saisit à la gorge et ne la lâcha que râlante et à demi étranglée.

Usé par plus d'un demi-siècle de rudes travaux pour acquérir de la terre et encore de la terre pour ses enfants, l'estomac délabré par le pain sur et amer, le vieux Deschamps, si vigoureux autrefois, qui cognait sur tout le monde et à tout propos, invalide maintenant, restait là sans bouger, répétant : Malheur... malheur...

Tifa, un peu calmé, rejoignit Raclor.

L'œuvre de destruction recommença.

La hache bientôt s'attaqua aux arbres fruitiers. Le premier fut un grand prunier dont les fruits, chaque année, servaient à faire des confitures, et Mâço, les larmes aux yeux, se rappelait qu'au jour de l'an dernier, elle en avait servi au repas de famille. Ce fut ensuite un pommier. Des pommes encore restaient aux branches. Plusieurs se détachèrent sous le choc et tombèrent sur le sol. Raclor en ramassa une qu'il porta à sa bouche, mais il la jeta immédiatement loin de lui, car elle était rongée par les vers.

Dieu, la triste épreuve pour Mâço, les tristes souvenirs ! C'était justement Tifa qui vers l'âge de dix ans lui avait aidé à planter ce pommier. Et elle sanglotait. Chaque coup porté sur les arbres lui résonnait dans la poitrine, éveillait un écho infiniment douloureux.

— Seigneur, Seigneur, soupirait-elle, quelle croix !

Raclor présentement avait attaché une chaîne au pied d'un cerisier. Les chevaux tiraient, et les racines de l'arbuste cédaient, craquaient, cassaient, s'arrachaient, comme les membres d'un homme que l'on aurait écartelé. Mâço avait la sensation qu'on lui arrachait le cœur, les entrailles. Et elle pleurait, elle pleurait sans fin... Ah ! ce jardin qu'elle cultivait depuis les lointaines années de son entrée en ménage, ce jardin dont elle avait bêché la terre, ces arbres qu'elle avait plantés elle-même, qu'elle avait soignés, comme s'ils avaient été des êtres humains, d'autres enfants ; ces arbres qu'elle avait vus grandir, tout cela était rasé, dévasté en un jour de malheur et par la main de ses fils.

Elle pleurait, elle pleurait avec des gémissements de vieille femme inconsolable.

Près de la brimbale, la Rougette qu'on retardait de traire, continuait de faire entendre de longs meuglements.

De ses rayons rouges, le soleil couchant ensanglantait les fenêtres, et le Sacré-Cœur semblait saigner, saigner... vouloir saigner toujours...

Et le souper au pain sûr et amer marqué d'une croix, lourd comme du sable, en la vieille maison où les meubles eux-mêmes avaient l'air d'être hostiles, fut encore plus silencieux que d'habitude.

XXXI

Vers ce temps-là, Deschamps eut une grande joie, l'une de ses dernières. En septembre, à l'anniversaire de naissance de Paulima et de Caroline, il reçut la visite de son frère aîné, Jérémie, parti à l'âge de vingt-quatre ans pour les mines d'or de la Californie, et qui en revenait maintenant à soixante-quinze. Pour célébrer dignement ce retour, Charlot fit boucherie[1], et le soir, après de bonnes grillades, l'on mangea au dessert un succulent melon qui, depuis quinze jours, achevait de mûrir dans la paillasse des vieux. Deschamps fit ouvrir une bouteille de vin fabriqué à la maison, mais Jérémie refusa d'en boire en disant :

— Du vin, c'est bon pour dire la messe. Les honnêtes gens n'en boivent pas. Moi, je prends du whiskey.

Sur les instances de son cadet, Jérémie consentit à passer un mois à la maison.

Dans les premiers moments de la réunion, il s'enquit de Firmin, le plus jeune de la famille. Urgèle l'informa qu'il demeurait à Châteauguay. Jamais il n'était venu le voir, bien que lui fût allé là une fois, il y avait bien longtemps, pour l'aider à creuser un puits. Justement, l'un des enfants de Firmin s'était noyé dedans six mois plus tard. Il devait y avoir de cela quarante-cinq ans au moins. Depuis, on ne s'était pas revu. Sur le moment, il fut décidé que l'on irait faire une surprise à Firmin.

La Scouine ne vit pas d'un bon œil le voyageur s'installer chez eux. Tout de suite, elle avait pris en grippe cet

---

1. *Faire boucherie* : abattre et dépecer un animal d'élevage pour consommation domestique.

oncle inconnu qui portait des anneaux aux oreilles comme
un bohémien, qui souffrait de l'asthme et qui toussait
presque constamment. Le premier soir, l'on avait veillé
dans la salle à dîner, et le bonhomme, ne voulant pas salir
les catalognes qui recouvraient le plancher, avait craché
sur le mur. Chaque matin aussi, avant le déjeuner, il se
calait dans une chaise, fumant la pipe dans la cuisine. De
temps à autre, il s'arrêtait pour tousser, et lançait sur le
poêle un gros crachat gras et visqueux. On entendait alors
un court grésillement, et il se répandait dans la pièce une
odeur nauséabonde. La Scouine rageait de le voir là, et
intérieurement, lui souhaitait tous les malheurs possibles.
Elle avait enlevé les allumettes de la boîte à sardines clouée
à la cloison, et les avait cachées. Pour allumer, Jérémie,
était obligé de prendre un tison.

Au repas, il se curait les dents avec sa fourchette.

— Quand on a passé cinquante et un ans sans se voir,
disait la Scouine, on peut bien attendre pour se rencontrer
dans la vallée de Josaphat.

Le vieux Urgèle était cependant très heureux d'avoir
retrouvé son frère, et parlait de profiter de l'occasion pour
célébrer ses noces d'or.

Pendant la journée, le voyageur errait dans les environs
de la ferme, tournait autour des bâtiments comme une
âme en peine. Peu expansif au début, il était devenu taci-
turne, et même dans ses rares moments d'abandon, il
paraissait avoir une arrière-pensée. Ses paroles semblaient
passer par un obscur, tortueux et glacial souterrain avant
d'arriver à ses auditeurs.

Après le souper au pain sur et amer marquée d'une
croix, la Scouine prenait dans l'armoire, à côté des parois-

siens[1] de la famille, un antique jeu de cartes dépareillées, écornées, déchirées, tachées par toute une génération de mains sales, et la partie s'engageait. L'on jouait aux pommes[2] avec quelques voisins, et Jérémie gagnait presque toujours. Il s'animait alors ; ses regards si vagues d'ordinaire s'allumaient comme à la reprise d'une vieille passion...

Le treizième jour après son arrivée, Charlot trouva le mineur pendu dans la grange à la même poutre où lui et la Scouine avaient, il y a trois ans, accroché leur chien Gritou.

Cet événement causa un vif émoi dans la paroisse.

Jérémie fut enterré dans le lot des enfants morts sans baptême[3], des mécréants décédés sans avoir fait leurs pâques[4].

---

1. *Paroissiens*: missels, livres de messe.
2. *Jouer aux pommes*: jeu de cartes payantes où l'on remplace la monnaie par des pommes.
3. *Lot des enfants morts sans baptême*: espace du cimetière non béni, parfois délimité par une clôture.
4. *Faire ses Pâques*: aller à la messe à Pâques et communier en état de grâce. (Voir note 3, au chapitre VI.)

XXXII

Deschamps était devenu infirme, impotent. Il avait l'esprit un peu égaré, et sa mémoire lui faisait défaut. Souvent, il lui arrivait de ne pas reconnaître les gens. Dans sa tête, les choses s'embrouillaient, se confondaient, comme le soir dans la nature, lorsque vient la nuit. Des jours, il montait au champ, allant devant lui, indécis, comme un animal qu'on vient de châtrer, un pauvre qui aurait perdu sa besace. Il avançait, traînant les pieds dans l'herbe, au milieu de la campagne fleurie de pissenlits, de moutarde, de trèfles, de marguerites, de boutons d'or, longeant des pièces de blé d'Inde dans lesquelles le vent mettait une plainte immense, désespérée.

Deschamps errait à travers les chaumes, les pâturages, les prairies, tout ce terrain qu'il avait autrefois labouré, ensemencé pendant tant d'années. Et la terre restait toujours jeune, tandis que lui était vieux, cassé, fini, marchait dans l'ombre de la mort.

Sa triste silhouette noire, parfois chancelante comme celle d'un homme ivre, se promenait sous le grand ciel bleu, pendant que sourdait du sol la note aiguë des criquets, que des vols de corneilles s'abattaient en croassant sur les branches d'un frêne sec, et que tout autour du septuagénaire, des hommes et des femmes jeunes et robustes, travaillaient en attendant de vieillir, de devenir comme lui, faibles, courbés, une ruine lamentable.

Deschamps regardait les choses d'un regard vague, restant pendant des heures appuyé sur une clôture, ou assis sur une pierre près d'un puits, se parlant à lui-même. Parfois, il poussait jusque chez les voisins, et là, regardait les gars rentrer le foin, le grain, soigner les animaux, puis oubliant qu'il était chez des étrangers, et se croyant chez son fils, disait :

— Malheur, Raclor, t'as de la belle avoine.

Son estomac délabré ne pouvait plus digérer. Souvent au repas, s'adressant à sa fille :

— Paulima, va m'cri du pain de messe, ordonnait-il.

La Scouine partait alors et s'en allait demander aux Lecomte de lui échanger l'une de ses galettes sures et amères, lourdes comme du sable, contre l'une de leurs miches blondes et légères. Bonnes gens, les Lecomte rendaient ce service et jetaient ensuite à leurs poules la nourriture immangeable.

Le vieux devenait gâteux, malpropre. Il souillait maintenant son pantalon comme enfant il avait sali ses langes, et presque chaque jour, les deux femmes avaient la tâche répugnante de le nettoyer.

Débraillé, la barbe inculte, ceinturé d'une courroie en cuir prise à un harnais, il rôdait sans but autour des bâtiments, entrait à la maison, demandait l'heure, l'oubliait le moment d'après, et ne savait plus si l'on était dans l'avant-midi ou l'après-midi. Graduellement, il faiblissait. La machine humaine détraquée, ne fonctionnait plus, ne valait guère mieux qu'un amas de débris.

L'on était en septembre lorsqu'il s'alita. La fin parut proche, une question de jours seulement. Charlot alla au village chercher le docteur Trudeau. En revenant, les deux hommes rencontrèrent le vieux Firmin, l'un des frères de Deschamps, qui s'en allait vendre une charge de pois. Charlot l'arrêta, lui apprit la maladie du père et lui dit que s'il voulait le voir vivant, il devrait se hâter de se rendre auprès de lui. Firmin hocha la tête et, après un moment de silence :

— On a vétu[1] sans se voir, on peut ben mourir sans se voir, mourir sans se voir, déclara-t-il.

Et ayant exprimé ce sentiment, il continua sa route.

Raclor qui vendait ses pois une piastre et quatre sous le minot se hâtait lui aussi d'aller les livrer. Il faisait régulièrement trois voyages par jour. Parfois le soir, il allait voir son père un instant. Un jeudi, il le trouva très mal.

— Si l'vieux pouvait mourir vendredi, dit-il à sa femme, une fois revenu chez lui, on l'enterrerait dimanche, et y aurait pas de temps perdu.

Après une longue agonie, Deschamps expira un lundi au moment où le soleil se couchait. Au dehors, ses rayons rouges mettaient des reflets d'incendie à la fenêtre et ensanglantaient le vieux lit sur lequel le grand corps reposait inerte.

Au soir, la porte des Deschamps fut scellée du sceau de la mort. Un long crêpe noir barra le seuil. Ses plis mystérieux, immobiles par moments, et tantôt légèrement remués par le vent, semblaient contenir des destinées obscures, offrir un sens comme les caractères d'une langue inconnue tracés par une main invisible. Cette loque sinistre flottant dans la nuit, prenait un aspect redoutable et terrifiant, semblait lancer des appels silencieux, recevoir des messages muets. Dans les ténèbres, la mince étoffe paraissait s'animer, devenir une chose vivante, fantastique, véritable vision de rêve. Les vieux qui passaient détour-

---

1. « Vétu n'est pas une erreur typographique. Dans ma jeunesse, les vieux ne prononçaient pas vécu mais vétu. » (Note de l'auteur, mentionnée dans *La Scouine*, éditions des Presses de l'Université de Montréal.)

naient leur visage pour ne pas la voir, et pour les enfants, elle était la première image de la mort.

Là-bas, une étoile jaune dardait son regard louche, mauvais, et l'on sentait peser sur la demeure marquée du signe fatidique, l'influence des astres.

Pas une seule lumière ne brillait aux fenêtres des maisons où les gens, les membres lourds de fatigue et tombés à l'abîme du sommeil digéraient péniblement, avec des cauchemars, le souper du soir, pour se remettre au joug le lendemain, et reprendre avec les soucis et les tracas la rude tâche quotidienne.

La nuit noire écrasait la campagne.

Des meuglements de vaches par moments déchiraient le silence, appel obscur et incompréhensible jeté dans le vague des ténèbres.

Et, le coassement monotone des grenouilles dans les fossés, petite note grêle et métallique, d'une infinie tristesse, montait comme une plainte vers les rares, vers les lointaines étoiles.

Charlot fit le tour de la paroisse, annonçant le décès de son père recommandé aux prières le dimanche précédent comme dangereusement malade. Il invitait les gens à aller aux funérailles.

— Vas-tu au service? demanda l'un des voisins du défunt à Frem Quarante-Sous venu pour le voir.

— Non, répondit-il. J'irai à celui du père Larivière. I va mourir betôt.

La Scouine et sa mère citaient les noms de ceux que l'on verrait probablement.

— Y a l'vieux Roy, de Sainte-Martine, qu'on devrait avertir. C'était un des grands amis de ton père. Tu devrais lui écrire, remarqua Mâço.

— Oui, mais i faudrait mettre une estampille de trois sous sur la lettre, répondit la Scouine.

Et, il ne fut plus question du bonhomme Roy.

— Attendez que j'puse[1] pour m'enterrer, avait souvent recommandé Deschamps, qui avait toujours craint d'être inhumé vivant.

Suivant son désir, l'on attendit les premiers signes de putréfaction pour l'enfermer dans son cercueil.

Un énorme corbillard à panaches, surmonté d'une croix monumentale, et traîné de deux chevaux caparaçonnés de noir, conduisit au cimetière, suivi de cent cinquante voitures la dépouille du vieux Deschamps.

On l'enfouit dans un grand trou.

Il avait fini de manger le pain sur et amer marqué d'une croix.

---

1. *Que j'puse*: conjugaison fautive du subjonctif présent du verbe « puer » (que je *pue*).

XXXIII

Vers la fin de septembre, la Scouine, sa mère et Charlot décidèrent d'aller demeurer au village.

Assez longtemps, ils avaient travaillé. Maintenant que le père était mort, ils allaient se reposer, vivre de leurs rentes.

Intérieurement, la Scouine se disait qu'elle serait plus près du presbytère, qu'elle pourrait aller y faire un tour de temps à autre. Cette pensée la rendait toute joyeuse.

Après quelques jours d'hésitation, Mâço loua une petite maison voisine de l'hospice, à côté du cimetière.

Pierre Bougie, cultivateur de Châteauguay, acheta la terre, qu'il paya cinq mille piastres comptant.

Le roulant[1] de la ferme fut vendu à l'encan. Mâço ne garda que le mobilier. Il fallut quelque temps pour régler les affaires, mais les dernières formalités furent enfin terminées. Il fut convenu que l'on partirait le jeudi.

Le ménage fut chargé dans une voiture double. Charlot et la Scouine passèrent près d'une journée à cette besogne. Les lits, la table, les cadres de saints accrochés aux murs, le rouet, le dévidoir, le sofa jaune, le saloir, s'entassaient dans le chariot. Ils abandonnaient les coins sombres auxquels ils étaient habitués, où ils paraissaient immuables, pour entreprendre un voyage non sans danger à leur grand âge. Ils quittaient le vieux logis où ils avaient jauni et pris une odeur surette, pour suivre leurs maîtres dans la nouvelle habitation.

---

1. *Roulant*: appareils et instruments (bestiaux et volaille compris) qui servent à la production agricole.

L'antique huche dans laquelle avait été pétri pendant plus de cinquante ans le pain de la famille n'était plus désormais d'aucune utilité, mais Mâço ne voulant pas s'en départir, on la mit avec les autres meubles.

Charlot, Mâço et la Scouine parcouraient la maison, passant d'une chambre à l'autre, allant du grenier à la cave, afin de ne rien oublier.

La pendule fut le dernier objet que l'on déplaça. Après en avoir enlevé les poids, Charlot la coucha dans un sac de laine cardée et, comme il eut fait d'un enfant malade, la transporta soigneusement dans ses bras et la mit dans le coffre de la huche.

Par un bizarre caprice en cette fin de saison, une maigre poule noire couvait encore à la grange. Depuis trois semaines, elle s'obstinait à rester au nid sur une demi-douzaine d'œufs apparemment non fécondés. Comme elle était d'une maigreur extrême, Mâço ordonna de la laisser, trouvant qu'il n'y avait aucun bénéfice à l'emporter. Pareillement, l'on abandonna sur leur banc, à l'ancien site du jardin, les deux ruches qui depuis des années fournissaient la provision de miel pour l'hiver.

La famille dîna d'une terrine de lait caillé et du restant d'une miche. Ce fut le dernier repas au pain sur et amer, marqué d'une croix.

La Scouine partit pour aller cueillir les pommes dans le vieil arbre, à côté de la clôture de ligne[1]. Elle trouva les enfants du voisin déjà en train de les chiper. Ils déguerpirent en la voyant venir. Il ne restait que quelques fruits.

---

1. *Clôture de ligne*: clôture de démarcation entre deux terres.

La Scouine les mit dans une taie d'oreiller qu'elle plaça dans le wagon[1].

Le vent soufflait du sud.

Un volier d'outardes passa.

Charlot traînait sa jambe boiteuse. Son talon heurta l'anneau en fer de la porte de cave qui rendit un son lugubre comme un glas.

À quatre heures, Charlot attela.

Au moment de partir, la Scouine barra la porte puis, comme elle faisait chaque dimanche avant de partir pour la messe, elle cacha la clef sous le perron. À ce moment, elle se rappela soudain qu'elle ne reviendrait plus. Elle la reprit donc et la mit dans sa poche.

À côté de la maison, le vieux four qui, pendant si long-temps, avait cuit le pain sur et amer et en arrière duquel s'élevait une touffe de hauts tournesols, ouvrait une bouche béante et noire comme s'il eut voulu crier un suprême adieu.

Et à côté, la pelle et le fourgon[2] paraissaient comme les inutiles béquilles d'un infirme devenu irrémédiable-ment impotent.

Il commença à pleuvoir légèrement, et Charlot recou-vrit sa charge d'une toile cirée noire, ce qui donnait à la voiture l'aspect d'un corbillard.

L'on partit.

L'attelage avançait sur la route que Mâço avait suivie chaque dimanche et souvent la semaine, pendant plus d'un demi-siècle, c'est-à-dire depuis son mariage ; la route

---

1. *Wagon* : voiture à quatre roues pour le transport des marchandises ; on pronon-çait « ouaguinne ».
2. *Fourgon* : tisonnier.

qu'elle avait suivie lors de la première communion de ses enfants, du mariage de deux de ses fils et de la mort de sa fille Caroline. Aux fenêtres, des gens regardaient passer l'équipage. À chaque ferme, les cultivateurs vaquaient à leurs travaux. Son habit accroché à un pieu de la clôture, Frem Quarante-Sous labourait son champ. Le soc luisant fendait le sol, et l'on respirait une bonne odeur de terre fraîche et de gazon. Les sillons s'alignaient droits et réguliers pour les semailles futures. Tout le monde travaillait. Seuls, la Scouine, Mâço et Charlot s'en allaient...

XXXIV

Maço et ses deux enfants se sont installés dans leur petite maison. Comme à la campagne, ils s'éveillent le matin au point du jour, mais comme ils n'ont rien à faire, ils attendent encore dans leur lit jusqu'à six heures, alors que la cloche de l'hospice à la voix lente, triste et voilée, tinte mélancoliquement et les fait sortir de leur couche. Ils se lèvent en même temps que les vieux et les orphelins. Après avoir rôdé quelque temps dans l'habitation, ils se mettent à table sans faim. Ils voient les enfants jouer dans la cour sous l'œil d'une sœur et les vieillards faire quelques pas et s'asseoir sur un banc. Monotone, interminable, s'écoule la journée.

Le soir, à huit heures, la cloche sonne de nouveau et l'hospice gris s'endort. Parfois, l'une des fenêtres donnant sur le cimetière s'ouvre, une tête d'aïeule apparaît, et l'on entend une toux creuse. La nonagénaire jette un moment un long regard sur le champ du repos, sur la terre des morts qu'éclaire la lune jaune et ronde. L'ancêtre songe qu'elle partira bientôt, qu'elle quittera sa chambre, pour aller rejoindre, dans un cercueil, de l'autre côté de la clôture, tous ceux qu'elle a connus, qui sont disparus avant elle.

Et la croisée[1] se referme.

Le silence se fait, et l'on n'entend plus que le bruit de l'eau qui tombe du barrage de la rivière Saint-Louis, bruit qui s'effrite tout le long du jour, mais qui devient plus distinct le soir. Souvent, après souper, Charlot et la Scouine s'endorment sur leur chaise à cette musique.

---

1. *Croisée*: fenêtre.

Deux fois par semaine, le mardi et le jeudi après-midi, les collégiens viennent, sous la surveillance d'un frère, se baigner sous la digue. Charlot et la Scouine en remarquent deux dans le groupe qui portent toujours des sous-vêtements rouge vif qu'ils gardent en prenant leur bain.

Des jours, Charlot s'abîme longuement dans la contemplation de la rivière tortueuse comme une anguille et qui, bordée de sapins et de bouleaux roule une eau boueuse, verdâtre, presque croupissante. Stagnante comme son existence, songe l'ancien fermier. Tout à côté, est un bois de noyers dans lequel la jeunesse va cueillir des noix les dimanches d'automne.

De l'autre côté de la rivière, presque en face de la maison des Deschamps, est une ferme isolée. Les bâtiments en ruines sont toujours entourés de deux ou trois meules qui font de curieuses masses d'ombre, pleines de mystère, lorsque le soir tombe. Cette grange et ces meules dégagent une impression d'indicible désolation.

Près de là, la rivière est traversée par un pont en fer sur lequel passent à toutes les heures du jour et de la nuit, en faisant résonner une cloche automatique, des trains qui transportent on ne sait où, vers quelle destination, des gens que la vie appelle et agite. Ici, on n'attend que la mort.

L'hospice avec ses vieux, la ferme désolée, la rivière et les collégiens qui vont s'y baigner, et le pont avec ses convois, forment le panorama que les Deschamps ont sous les yeux.

Mais la Scouine est satisfaite ou à peu près. Comme elle n'a plus rien à faire, elle assiège le curé et son vicaire. Sous le moindre prétexte, elle va les voir au presbytère. Elle s'arrange pour se trouver sur leur passage lorsqu'ils sortent. Patiente, rusée, elle surgit devant eux au moment où ils s'attendent le moins à la voir. Vulgaire, familière, elle est devenue un véritable cauchemar pour les deux prêtres. Ils la fuient comme le choléra, mais ils ne peuvent réussir à l'éviter, à s'en débarrasser. Chaque fois qu'elle l'accoste, le vicaire rougit. Il regarde autour de lui pour voir si personne n'est là. Cette grossière sympathie qui tourne à la persécution est pour lui un martyre, une torture. Il est tellement agacé qu'il ne peut préparer ses sermons.

Les frères du collège ne sont pas à l'abri des entreprises de la Scouine. Il lui arrive parfois de les aborder sur la rue, de leur flanquer une vigoureuse claque sur l'épaule en leur apprenant qu'il fait une belle journée ou que la pluie menace de tomber.

Des matins de printemps, Charlot malgré ses infirmités et sa jambe boiteuse, se sent des velléités de travail. Il songe au plaisir qu'il aurait à se trouver avec une bonne vieille hache bien aiguisée, devant un tas de piquets de cèdre à appointir. Il lui semble voir la lame luire au soleil alors qu'elle s'abat et qu'elle fait voler de larges copeaux blonds et odorants.

Il se représente aussi la joie qu'il aurait à fendre des éclats pour chauffer le four. Comme ce serait bon ! Même, il serait satisfait de charroyer de l'engrais. Oui, s'éveiller un matin, faire son train, puis, après le déjeuner, atteler le poulain sur le tombereau bleu, et s'en aller devant l'étable, le remplir au tas de fumier qui fermente et d'où s'élèvent dans l'air lumineux de petites colonnes de vapeur. Quel rêve ! Il entendrait chanter le coq et verrait les poules picorer dans la cour. Sa voiture comble, il jetterait une poignée de paille sèche pour s'asseoir, puis, un pied sur le timon et l'autre pendant, il s'en irait conduire la charge au champ et sentirait sous lui la tiédeur de la fumure qui engraissera la terre. Quelle bonne senteur aussi ! Et comme ce serait agréable d'entendre tout à coup se briser avec l'éclat de mille verres de cristal, la mince couche de glace qui s'est formée pendant la nuit sur le fossé et que la chaleur du soleil après l'avoir silencieusement sapée, précipite au fond. Ah! quelle musique ce serait!

Et Charlot plongé dans cette rêverie, se lève pour aller jeter un coup d'œil à la fenêtre, mais il n'aperçoit que le cimetière, la terre qui ne sera jamais labourée, qui ne rapportera jamais aucune récolte, la terre que l'on ne creuse et que l'on n'ouvre que pour y déposer les restes de ceux qui furent des hommes...

Et Charlot s'ennuie. Il s'ennuie désespérément, atrocement.

S'il entend sonner les glas pour des funérailles, vite, il prend son chapeau et se rend sur le perron de l'église pour rencontrer les vivants qui font escorte au mort, les vivants qu'il a connus et qui lui rappellent le temps où il était réellement un homme, le temps où il travaillait.

Les jours de marché, il se rend sur la place publique pour causer avec les cultivateurs. Il s'informe des gens, des récoltes, des travaux, du prix des produits.

Depuis deux ans, il souffre en silence. Jamais il n'a voulu retourner voir la vieille maison où s'est écoulée sa vie, mais depuis quelques jours, la tentation est trop forte, et ce matin, il n'y tient plus. Il faut qu'il aille revoir la terre paternelle. Il ne peut presque pas manger au déjeuner, car jamais de sa vie, il n'a éprouvé une si grande émotion. Il part, et devant l'église, il aperçoit la Scouine qui guette le vicaire qui doit passer pour aller dire sa messe.

Charlot s'en va à travers champs. Tout à coup, il se met à siffler. Et il va, il va. Jamais il n'a marché si vite. Il se sent rajeunir.

Il traverse un petit bois de noyers où il allait gauler des
noix à l'époque des labours. Charlot revit le temps où il
construisait sa maison, les soirs où il allait rendre visite à
la servante des Lussier. Joyeux et toujours sifflant, il
enjambe les clôtures. Le voici qui passe près d'un arbre
épineux dans lequel il cueillait de bonnes cenelles rouges
à l'automne. Il aperçoit la vieille maison où s'est écoulée
sa vie. Et au même instant, une odeur vient caresser ses
narines. Il ne s'y trompe pas, c'est le four que l'on chauffe
avec des éclats de cèdre. Bleuâtre, légère, odorante, la
fumée s'élève de la cheminée. Charlot se sent tout remué.
Il arrive. Un chien jaune accourt et aboie après lui. Bougie,
le nouveau propriétaire, qui se dirige vers les bâtiments,
rappelle la bête et adresse le bonjour au visiteur. Il s'informe de sa santé. Les deux hommes s'arrêtent pour causer.
Bougie annonce à Charlot qu'il est à poser une nouvelle
couverture à la grange. Le travail est déjà fort avancé. Une
bonne journée d'ouvrage, et tout sera fini. Charlot s'offre
à donner un coup de main pour terminer la besogne.
L'autre enchanté, accepte. Et Charlot enlève son habit, son
gilet, et grimpe sur l'échelle. Le fils Bougie, un garçon de
douze ans, monte le bardeau de cèdre qu'il a préalablement
plongé dans une cuve remplie d'eau, pour l'empêcher de
fendre en le clouant. L'on respire une agréable odeur de
bois fraîchement scié, et l'on entend les marteaux qui
cognent, qui enfoncent les clous.

En bas, la fermière porte sa pâte au four, pendant que
sa fille Zéphirine surveille la cuisson du savon qui bout
dans un immense chaudron suspendu par une chaîne à
une perche posée horizontalement sur deux pieux.

De leur poste élevé, Bougie et Charlot dominent la
campagne. Ils voient les fermiers au travail. Les uns char-
roient du fumier, d'autres labourent, celui-ci répare une

clôture, celui-là plante des pommiers. En voici un qui se bâtit une remise, et un autre qui répare un pont sur un fossé. Partout, c'est le travail, l'activité, la vie.

À midi, les deux hommes descendent pour dîner.

La fermière, vive, plaisante, aimable, a fait une omelette au lard et elle apporte sur la table un gros pain blond, chaud et odorant, qu'elle vient de sortir du four. La croûte est de la belle couleur du blé et la mie est blanche et appétissante. Charlot mange avec la famille Bougie, mais malgré toute la cordialité qu'on lui témoigne, les bouchées lui restent dans la gorge. Il se sent un étranger dans la vieille maison où il a vécu pendant si longtemps. Il a le cœur à l'envers.

Le repas fini, l'on retourne au travail, pour finir la tâche au plus tôt. De nouveau, les marteaux font résonner l'air. Ils luisent au soleil et frappent dru. Vers quatre heures, l'on a posé les derniers rangs de bardeaux et l'on passe maintenant une couche de goudron fondu sur la toiture pour lui assurer plus de durée. Le mélange noir, fumant, répand une odeur plutôt agréable.

Maintenant, la journée est finie.

La fille Bougie est occupée à trancher en gros morceaux son savon sentant la graisse et la potasse qu'elle serrera dans le grenier dès qu'il sera suffisamment sec. Il y a là la provision d'un an. La mère et son fils sont à traire les vaches.

Le fermier et Charlot causent en attendant le souper.

De nouveau, l'on se met à table. La femme sort le pain blanc, léger et savoureux qu'elle a cuit le matin. Charlot le mastique gravement, lourdement. C'est étrange. Il a bien travaillé, mais il n'a pas faim. Il ne mange pas avec appétit. Plus que jamais, il a l'impression d'être un étranger dans cette maison où s'est écoulée sa jeunesse, où son père est

mort. Oui, malgré le spectacle des champs, la vue des bâtiments, des arbres familiers, et des voisins d'autrefois, ce
n'est plus la même chose. C'est que ce soir, dans une heure,
il retournera au village reprendre sa monotone existence
de petit rentier. C'est que demain, il s'éveillera sans but,
sans occupation, en se demandant comment il pourra bien
tuer le temps. C'est qu'il en sera ainsi toujours et toujours.
Il a renoncé à la terre pour aller goûter le repos, la vie facile,
et il n'a trouvé que l'ennui, un ennui mortel, dévorant. Il
ne vit pas ; il attend la mort. Et pendant que le fermier
Bougie et sa famille dévorent les piles de pain blanc,
Charlot, dans le soir qui tombe sur la campagne, dans ce
soir de sa triste vie, évoque avec regret les jours où, après
le dur travail, avant d'aller se coucher dans le vieux sofa
jaune, il soupait de pain sur et amer marqué d'une croix.

1899-1917

Médiagraphie

BESSETTE, Gérard. *Anthologie d'Albert Laberge*, Montréal, Le Cercle du Livre de France, 1962, 310 p.

BIRON, Michel, DUMONT, François, et NARDOUT-LAFARGE, Élizabeth. *Histoire de la littérature québécoise*, Montréal, Boréal, 689 p.

BRUNET, Jacques. *Albert Laberge, sa vie et son œuvre*, coll. Visage des lettres canadiennes, Ottawa, Éditions de l'Université d'Ottawa, 1969, 176 p.

Evene.fr, Citations : www.evene.fr/citations/mot.php?mot=univers

GRIGNON, Claude-Henri. *Un homme et son péché*, Montréal, Stanké, 1998, 207 p.

HÉBERT, Pierre, LEVER, Yves, et LANDRY, Kenneth. *Dictionnaire de la censure au Québec*, Montréal, Fides, 2006, 720 p.

LABERGE, Albert. *La fin du voyage*, Montréal, Édition privée, 1942, p. 16.

LABERGE, Albert. *La Scouine – Édition critique par Paul Wyczynski*, Montréal, Les Presses de l'Université de Montréal, 1986.

ROY, Camille. *Manuel d'histoire de la littérature canadienne de langue française*, Montréal, Librairie Beauchemin, 1959, 201 p.

TOUGAS, Gérard. *Histoire de la littérature canadienne-française*, Paris, Les Presses universitaires de France, 1960, 286 p.